PSICOLOGIA APLICADA NO COTIDIANO

FREDERIC BACK

PSICOLOGIA APLICADA NO COTIDIANO

Título original: *Psicologia Aplicada no Cotidiano*

Texto revisto pelo Novo Acordo Ortográfico da Língua Portuguesa.

Direção geral
Ednaldo Varela (Ado) e Cláudio Varela

Editor responsável
Ednaldo Varela (Ado)

Revisão e consultoria
Suely Paiva

Capa e projeto gráfico
Lumiar Design

Tradução
Paulo Takeguma

Diagramação
Claudio Braghini Junior

www.editorahb.com.br
www.aeroplano.com.br

Dados Internacionais de Catalogação na Publicação (CIP)
Elaboração Aglaé de Lima Fierli CRB-9 nº 412

B122p
Back, Frederic, 1954- Psicologia aplicada no cotidiano / Frederic Back.– São Paulo: Hunter Books, 2016.
128p. : 13x21cm.

ISBN: 978-85-65042-72-7

1. Psicologia aplicada. 2. Psicanálise. I. Título

CDD 158.1

Índice para catálogo sistemático:
Psicologia aplicada 158.1
Psicanálise 150.1953

PSICOLOGIA APLICADA NO COTIDIANO

FREDERIC BACK

APRESENTAÇÃO

A maioria das pessoas tem ideia do que significa Psicologia. É a ciência dos fenômenos psíquicos e do comportamento que investiga os processos e estados conscientes, assim como as suas origens e efeitos. Procura descrever sensações, emoções, pensamentos, percepções e outros estados motivadores do comportamento humano.

A Psicologia caminha lado a lado com a Psiquiatria e a Psicanálise. Enquanto a Psiquiatria é uma especialização da Medicina que estuda e trata doenças mentais, a Psicanálise cuida da terapia, analisando o que o paciente verbaliza. Para entendermos como funciona a Psicanálise, é fundamental conhecermos o contexto histórico de dois especialistas, Sigmund Freud e Carl Jung.

Para compreendermos os mistérios da mente humana e a maneira como ela processa as informações, em forma de sensações e reações, é importante observar o que acontece enquanto dormimos. É aí que entram os estudos dos sonhos e distúrbios do sono.

Divórcio, filhos do divórcio, adolescentes – esses são outros temas em que a Psicologia orienta, indicando um rumo para convivência harmônica dos seres humanos em momento de crise.

As sensações que as cores causam nas pessoas, o impacto de cada tonalidade – esse é mais um dos estudos da Psicologia.

São infinitos os desdobramentos dos pesquisadores em Psicologia. Vejam, por exemplo, como se saem os super-heróis de histórias em quadrinhos no divã do psicanalista. Realidade e ficção se misturam para os esclarecimentos da mente humana. Entendam, também, por que adotar gatos como pets é algo positivo para a saúde psíquica e o equilíbrio emocional.

Boa leitura.

Os Editores

CAPÍTULO 1
O QUE É PSICANÁLISE?

A teoria da alma, a 'psique', de acordo com muitos, foi criada pelo terapeuta e neurologista austríaco Sigmund Freud, buscando a interpretação dos conteúdos inconscientes do indivíduo, estabelecendo um universo analítico imensurável.

Psicanálise é um campo clínico e de investigação teórica da psique humana, independente da Psicologia, que tem origem na Medicina, desenvolvida por Sigmund Freud, que foi um médico nascido em Freiberg, em Mähren, na época pertencente ao Império Austríaco; atualmente, a localidade é denominada Příbor, e está localizada na República Tcheca. Freud se formou em Medicina em 1881, e trabalhou no Hospital Geral de Viena.

A Psicanálise pretende explicar o funcionamento da mente humana e atua como método de tratamento de diversos transtornos mentais. Ela se baseia em dois fundamentos:

1) A consciência é apenas uma fração de nossa vida psíquica total, e a maior parte dos processos psíquicos são inconscientes.

2) São as nossas tendências sexuais que dominam os processos psíquicos inconscientes.

Freud entende que, em suas primeiras manifestações, a libido liga-se a outras funções vitais; começa no bebê que, ao mamar, obtém do ato de sugar o seio materno outro prazer, além do de obter alimento, e esse prazer passa a ser buscado instintivamente, por si mesmo.

Por isso, para Freud, no ato de mamar a boca torna-se uma "zona erógena", e considera que o prazer provocado pelo ato de sugar é sexual. Portanto, a libido pode nada ter em comum com as áreas genitais.

Há manifestações da psique como um conflito entre as tendências sexuais ou a libido e as fórmulas morais e as limitações sociais impostas ao indivíduo. Esses conflitos geram os sonhos, que seriam, segundo a interpretação freudiana, as expressões deformadas ou simbólicas de desejos reprimidos. Geram, também, os atos falhos ou lapsos, distrações falsamente atribuídas ao acaso, mas que remetem ou revelam aqueles mesmos desejos.

A interpretação desses fenômenos leva o paciente a identificar as origens de seu problema, o que pode ser o primeiro passo para a cura.

A teoria freudiana identifica, também, a transferência da libido para outros objetos de natureza não sexual, por meio da arte ou da religião.

Há também o conceito de complexos, dos mecanismos associativos aos quais devem ser atribuídos as principais perturbações mentais. O termo "complexo" não é de Freud, mas de seu discípulo Carl Gustav Jung, que depois de muitos anos rompeu com o mestre e criou sua própria teoria de Psicologia Analítica.

Na obra A *Interpretação dos Sonhos*, de 1900, Freud já esboçara os fundamentos do Complexo de Édipo, em que o amor do filho pela mãe implica ciúme ou aversão ao pai.

No livro O *Ego e o Id*, de 1923, Freud expôs a divisão da mente humana em três partes:

1) O **ego** que se identifica à nossa consciência.

2) O **superego**, que seria a nossa consciência moral, ou seja, os princípios sociais e as proibições que nos colocam nos primeiros anos de vida e que nos acompanham de forma inconsciente pela vida inteira.

3) O **id**, isto é, os impulsos múltiplos da libido, dirigidos sempre para o prazer.

Muitos filósofos, psicólogos e psiquiatras fazem sérias objeções ao modo como Freud e seus discípulos apresentam seus conceitos: como realidades absolutas, e não como hipóteses ou instrumentos de explicação que podem ser ultrapassados pela evolução científica e, em alguns casos, foram mesmo.

Apesar disso, a importância de Sigmund Freud para a ciência é inquestionável e reside principalmente em três pontos:

1) Destaque pioneiro que o médico vienense deu ao fator sexual que era uma área de completa ignorância para a ciência e a filosofia.

2) Conceitos de Freud serviram a diversos ramos da Psicologia e possibilitaram o avanço dessa ciência que é muito mais do que um simples complemento da Psiquiatria. A Psicologia não se limita a tratar distúrbios, ela tentar explicar os processos psíquicos do ser humano.

3) O tratamento psicanalítico se revela eficaz e ajuda uma grande quantidade de indivíduos a ficarem em paz consigo mesmos e com a vida.

CAPÍTULO 2
FREUD E JUNG

Sigmund Freud e Carl Jung são os mais conhecidos e conceituados teóricos da Psicologia e da Psicanálise. Entre os anos de 1907 a 1912, Freud e Jung estabeleceram uma relação complexa e que foi motivo posterior de controvérsias e polêmicas. Acabou em um rompimento cheio de mágoas, conflitos e críticas de um contra o outro.

Sigmund Freud nasceu em 1856, em uma família judaica. A ascendência religiosa de Freud e Jung é importante, pois influenciará o posterior rompimento, na medida em que a interpretação do que é religiosidade na psique foi um dos principais pontos da divergência.

Carl Jung considerava a psique humana como, por natureza, religiosa. Ele fez deste ponto um foco importante de exploração. Seu conceito de sincronicidade refletiu-se na Física Atômica e na Sinologia; sua interpretação psicológica dos fenômenos religiosos veio da Teologia. A concepção fundamental do homem se baseou na Antropologia e na Etnologia. A contribuição para o estudo dos fenômenos ocultistas se guiou pela Parapsicologia.

Carl Gustav Jung nasceu na Suíça em 1875, filho de protestantes e de uma família de pastores. Estudou, além do cristianismo, as religiões orientais, alquimia, gnosticismo, mitologia, I Ching, astrologia, e quase tudo o que poderia ser classificado como *ciências ocultas*. Freud era ateu e tinha uma visão muito crítica sobre religião.

Jung formou-se em Medicina na Universidade de Basileia, em 1900. Contrariando as expectativas de familiares e professores, ele decidiu pela carreira de psiquiatra, que na época se firmava como profissão, e pela Psiquiatria como ciência. O motivo, segundo ele, é que a Psiquiatria lhe daria a oportunidade de reunir duas áreas de seu interesse: as ciências naturais (Medicina) e as ciências humanas (o estudo da psique de pacientes com sérios transtornos mentais).

Logo após sua formatura, Jung começou a trabalhar no Hospital Burgholzli, em Zurique, na Suíça, passando a ser orientando pelo psiquiatra Eugen Bleuler, criador do conceito de esquizofrenia – que anteriormente era chamada de "demência precoce". Inicia, assim, duas atividades que serão fundamentais ao longo de sua carreira: a pesquisa empírica e teórica das doenças mentais, por um lado, e, por outro, a prática clínica, uma tentativa de compreender e auxiliar no processo de cura dos pacientes com distúrbios mentais.

O CONCEITO DE COMPLEXO

Jung desenvolveu o conceito de complexo de tonalidade afetiva, que pode ser definido como um forte afeto ligado a uma palavra ou um grupo de palavras. De acordo com Jung: "Os complexos devem sua relativa autonomia à sua natureza emocional, sua expressão sempre depende de uma rede de associações agrupadas em torno de um centro carregado de afeto".

Esse conceito foi sua primeira contribuição à área da Psiquiatria, e influenciou profundamente a Psicanálise e a Psicologia. Foi utilizado, por exemplo, na teorização a respeito do complexo de Édipo, por Freud. E no conceito do complexo de inferioridade, de Adler.

Durante os anos iniciais de sua vida profissional, Jung ficou mundialmente conhecido por suas pesquisas clínicas e empíricas. Em 1909, ele e Freud foram convidados para realizarem conferências, nos Estados Unidos, na Universidade de Clark. O convite se deu a partir das pesquisas realizadas por cada autor, antes da colaboração mútua.

O primeiro contato com a obra de Sigmund Freud foi por meio do livro *A Interpretação dos Sonhos*, publicado em 1901. Jung confessou que na primeira leitura não percebeu a importância das teorias freudianas, mas, após ler minuciosamente o livro, assumiu uma postura que manteve pelos anos seguintes – a defesa da Psicanálise contra críticas infundadas.

No começo, esta defesa é tímida e não muito aberta, mas, com o passar dos anos, Jung acaba por difundir a Psicanálise pela Europa, retirando-a dos estreitos círculos médicos judaicos de Viena. Freud reconheceu a relevância desta defesa, pois no início do século XX (muito antes da ascensão de Hitler ao poder) o antissemitismo, o preconceito contra os judeus, já era forte.

O fato de ter aparecido um importante teórico, suíço e protestante, que defendesse a Psicanálise foi fundamental para essa ciência sair de seu gueto e expandir-se também para outros países.

A UNIÃO

Os primeiros contatos de Freud e Jung foram por cartas; a correspondência começou em abril de 1906, quando Jung enviou a Freud um livro seu recém-publicado, *Estudos Diagnósticos de Associações*. Neste, aparecem diversas citações feitas a A *Interpretação dos Sonhos*.

Começou, então, um longo período de troca de correspondência, inicialmente formais, passando gradativamente a cartas mais amistosas e de confiança. Em algumas delas, Jung conta seus sonhos e Freud os interpreta.

Um ano após a primeira carta, em fevereiro de 1907, Jung viaja de Zurique para Viena, na Áustria. No primeiro contato presencial, eles conversam sem interrupção por treze horas.

Em sua autobiografia, Jung diz o que sentiu do "pai da Psicanálise": "Eu o achei extraordinariamente inteligente, penetrante, notável sob todos os pontos de vista".

Freud, por ser de uma geração anterior, por vezes considerava Jung seu príncipe herdeiro, aquele que iria continuar a sua obra depois de sua morte. Jung, em alguns textos, considerava Freud um gênio, muitas vezes incompreendido e injustamente criticado.

A RUPTURA

O período de estreito contato vai de 1907 até o começo do rompimento em 1912, com a publicação do último capítulo do livro *Símbolos da Transformação da Libido*, intitulado "O Sacrifício". Neste, Jung discorda abertamente da concepção de libido de Freud, que, naquele momento, possuía ênfase na sexualidade.

Para Jung, a libido ou energia psíquica era mais ampla, englobando não só a sexualidade como outras áreas importantes da vida psíquica, como o poder, a alimentação, a espiritualidade etc. Após 1912, a relação esfria, mas Jung mantém a presidência da Associação Psicanalítica Internacional até maio de 1914. Os momentos antes do rompimento definitivo são sentidos como emocionalmente difíceis (não só para Jung – que se angustia com a publicação do último capítulo do livro, como também para Alfred Adler, o primeiro a romper, em 1910, com a Psicanálise freudiana.)

Jung percebe que um mesmo caso poderia ser analisado e ter bons resultados se fosse interpretado sob o ponto de vista de Freud ou de Adler. Surge, então, uma questão que será recorrente em sua obra: a questão dos Tipos Psicológicos. Jung entende que não somente cada paciente possui um tipo psicológico – como Freud e Adler são representantes de tipos psicológicos totalmente opostos, ou que, no mínimo, não podem ser explicados pelos mesmos princípios.

NOVOS CONCEITOS

O segundo grande livro de Jung após o rompimento, *Tipos Psicológicos*, de 1920, procura responder à problemática dos diferentes tipos de personalidade e é seu livro mais conhecido. Nele, há a definição de termos que serão conhecidos por todos como introversão e extroversão, além dos tipos pensamento, sentimento, sensação e intuição. Importante notar que Freud permitia que outros psicanalistas desenvolvessem novos conceitos, desde que não fossem contra as suas ideias principais. As ideias de Adler, bem como as ideias de Jung, tocam em pontos centrais da teoria e, portanto, não poderiam ser incorporadas dentro da Psicanálise, assim como queria Freud.

Com o rompimento, Jung critica a importância ou papel central da sexualidade na psique e também questiona o método interpretativo.

Jung salientava que a sua abordagem diferia da de Freud não só na questão da sexualidade, mas também no método interpretativo. Apesar de ter chamado a sua Psicologia de Psicologia Analítica, Jung dizia que o método de interpretação de Freud era analítico, enquanto o seu método próprio era sintético.

O método analítico ou redutivo procura dividir as partes de um conteúdo psíquico – como um sonho ou sintoma – em várias partes e analisar o sentido existente ali, encontrando na análise de cada parte a chave da interpretação. O método sintético ou hermenêutico procura fazer uma síntese de todo o conteúdo, sem analisar cada parte com associações livres, já que associar livremente a partir de um material levaria a outros conteúdos.

SIGNOS

Ele entende que se o paciente havia sonhado com um leão em sua casa junto da presença de sua mãe, a interpretação da Psicanálise dividiria cada parte do conteúdo, buscando associações entre si: para o leão, para a casa, para a mãe. Assim, o paciente iria pensar livremente primeiro sobre o significado de leão, depois, sobre o sentido de casa e, assim, por diante.

A interpretação correta estaria mais nas associações retiradas de cada parte do que do próprio conteúdo. Já a interpretação sintética visa não fugir do conteúdo. Um leão é um leão e não deve ser associado com qualquer outro conteúdo.

Outra diferença é que Freud retrocedia à história anterior do indivíduo, indo, frequentemente, parar na infância do paciente. Para Jung, assim como para Alfred Adler, era igualmente importante considerar não apenas as causas, mas também as finalidades, a direção que o conteúdo tomaria ou poderia tomar no futuro.

PRÁTICA

Jung continuou a usar algumas ferramentas elaboradas por Freud e Adler; com exceção do método da associação livre e do divã, ele preferia que o encontro psicoterapêutico fosse realizado face a face. Em um de seus últimos livros, *Prática da Psicoterapia*, publicado em 1951, dez anos antes de sua morte, ele escreve: "Nos casos mais graves de neurose, não se deveria aplicar indistintamente um ou outro método, mas, dependendo do tipo do problema, a análise deve seguir de preferência os princípios de Freud e Adler".

Na sua opinião, no momento em que as sessões começam a ficar monótonas e repetitivas está na hora de abandonar o tratamento analítico redutivo e de tratar os símbolos analogicamente, ou sinteticamente, o que equivale ao método dialético e à individuação.

Outra questão crucial é a diferença feita por Jung entre o inconsciente pessoal – conceito que, apesar de já existir de certo modo antes de Freud, foi praticamente elaborado e divulgado por ele – e o inconsciente coletivo.

CONSCIÊNCIA

No livro *Os Arquétipos e o Inconsciente coletivo*, Jung define inconsciente coletivo como: "Uma camada mais ou menos superficial do inconsciente é indubitavelmente pessoal. Nós a denominamos no *inconsciente pessoal*. Este, porém, repousa sobre uma camada mais profunda, que já não tem sua origem em experiências ou aquisições pessoais, sendo inata. Esta camada mais profunda é o que chamamos *inconsciente coletivo*".

O inconsciente pessoal seria objeto de pesquisa da Psicanálise, tudo o que foi reprimido ou recalcado e que faz parte da história pregressa de cada um de nós. O inconsciente coletivo, por outro lado, é um dos temas mais estudados em Psicologia junguiana e diz respeito a determinados conteúdos simbólicos que podem ser encontrados em culturas totalmente diferentes ou em tempos remotos, conteúdos que são arquetípicos.

Na autobiografia de Jung, *Memórias, Sonhos e Reflexões*, há a definição de arquétipo: "O conceito de arquétipo (...) deriva da observação reiterada de que os mitos e os contos da literatura universal encerram temas bem definidos que reaparecem sempre e por toda parte. Encontramos esses mesmos temas nas fantasias, nos sonhos, nas ideias delirantes e ilusões dos indivíduos que vivem atualmente".

AS DIVERGÊNCIAS SOBRE RELIGIOSIDADE E O INCONSCIENTE

A forma como os fenômenos religiosos eram considerados também era diferente para um e para outro teórico. Como escreve Phillipe Julien, no livro *A Psicanálise e o Religioso: Freud, Jung, Lacan*: "Se Jung se separou de Freud a partir de 1913, não foi somente devido ao lugar que Freud concede à sexualidade. Sua oposição concerne, sobretudo, à função religiosa no psiquismo, função que Jung considera positiva se soubermos definir melhor o religioso".

RELIGIÃO E CIÊNCIA

Após o rompimento entre os dois teóricos, para Freud, Jung seria um profeta fundador de uma nova religião. Mas o curioso é que, durante sua carreira, Jung teve que se defender frequentemente da acusação de ser místico pelos cientistas, e de ser ateu ou agnóstico, por religiosos.

A temática da religião é realmente central dentro da Psicologia analítica de Jung, encontrando-se presente ao longo de toda sua obra. Apenas para citar algumas obras do autor que abordam diretamente a relação entre Psicologia e religião estão: *Resposta a Jó, Psicologia da Religião Oriental e Ocidental, Símbolo da transformação na Missa*, sem contar as outras obras como *Aion, Estudos Sobre o Simbolismo do Si-Mesmo*, e o prefácio de *I Ching*, de Richard Wilhelm.

A definição dada por Jung para o que é religião – e para o que é numinoso: a vivência que o ser humano tem dos fatores sobrenaturais de toda ordem que, agindo sobre seu estado psíquico geral, faz surgir nele uma atitude religiosa – pode ser encontrada nos textos de *Psicologia e Religião*, uma transcrição de três conferências sobre o tema da Psicologia da religião dadas por Jung na Universidade de Yale.

SINTOMAS

Assim sendo, o sintoma religioso, desde que seja definido de forma correta, é uma questão que não pode ser ignorada por uma teoria psicológica, segundo Jung. Como as culturas são muito variadas e, neste sentido, cada cultura apresenta sua forma de lidar com o religioso de forma particular, faz-se necessário um amplo estudo. Com o conceito de inconsciente coletivo, este estudo passa a ser importante não apenas para a antropologia, história da religião ou ciências da religião, mas igualmente importante para a Psicologia. Pois, conteúdos simbólicos que foram elaborados ou expressos em culturas totalmente diferentes, aparecem em sonhos e sintomas dos pacientes na clínica.

Deste modo, desde o rompimento com Freud, Jung passa a desenvolver uma concepção totalmente diferente da psique e da energia psíquica. As diferenças individuais são estudadas a partir do conceito de tipos psicológicos. Determinados conteúdos não podem ser entendidos ou explicados tendo-se em vista os conceitos de Freud ou Adler, ainda que estes conceitos possam ajudar na medida em que dizem respeito ao inconsciente pessoal. Para outros conteúdos, deve-se ter em mente o conceito de inconsciente coletivo e arquétipo e, também, uma outra forma de interpretação que não reduza tais conteúdos à história de vida de cada um, mas relacione-os com a história da humanidade, já que fazem parte do inconsciente coletivo.

Jung continuou dando a importância devida à sexualidade, e ao princípio de poder de Adler, porém, buscou entender como determinados símbolos psíquicos, que não são sexuais ou relacionados ao poder, devem ser compreendidos por sua relação com os símbolos religiosos ou sagrados não apenas de nossa cultura como também de outras. Partindo desse princípio, essa concepção que transcende o cotidiano e as experiências do dia a dia também deve ser objeto de estudo da Psicologia.

CAPÍTULO 3
SONHOS E DISTÚRBIOS DO SONO

Hipócrates, o filósofo, pai da Medicina, via o sonho como o primeiro sinal de uma doença que se negava a revelar-se a uma pessoa acordada.

No Antigo Egito, julgavam que o sonho era provocado por algum órgão doente, concedendo-lhe também o privilégio de encontrar o meio de cura. O paciente era levado para o templo sagrado, envolvido numa pele de carneiro e submetido a uma série de cerimônias que, fazendo-o dormir, propiciaria o sonho com a receita de sua cura.

Foi Freud quem direcionou os sonhos para uma dimensão explicável, pois até meados do século XIX, nossas viagens durante o sono eram interpretadas como presságios bons ou maus. A Psicanálise ousou dar um rumo mais consistente ao tema.

DROGAS

Este quadro passaria por uma verdadeira revolução ainda no século XIX, quando predominava a política de confinamento de doentes mentais em sanatórios. O sonho caminhava na direção correta, não sem antes esbarrar noutro equívoco: agora, o sonhador ficou separado da loucura por uma linha tênue. Era a vez do homem, dito normal, mergulhar em sua própria loucura. O homem queria domar seus pesadelos por meio do uso de psicotrópicos e afins.

NARCOLEPSIA

A narcolepsia é diferente de variações normais do sono, privação do sono, outros transtornos do sono primários e transtorno do sono relacionado a outro transtorno mental, tipo a hipersonia, que é um distúrbio do sono caracterizado por sonolência excessiva durante o dia e sono prolongado durante a noite. Muitos com esse problema sentem alguma sonolência durante o dia, particularmente à tarde, quando ocorre um aumento da sonolência fisiológica. Entretanto, não apresentam um sono irresistível em outros momentos do dia e conseguem "combater" sua sonolência mediante um maior esforço mental e físico, nem experimentam, em geral, catalepsia, alucinações relacionadas ao sono ou paralisia do sono.

Pessoas com narcolepsia costumam ter sonolência diurna generalizada entre os distintos ataques de sono. Têm a capacidade de dormir a qualquer momento, em qualquer situação – é um comportamento automático, no qual o indivíduo se engaja em atividades sem uma consciência plena, e pode ocorrer em consequência de uma sonolência profunda. Essas pessoas podem dirigir, conversar ou mesmo trabalhar durante episódios de comportamento automático. Já os sonhos frequentes, intensos e vívidos podem ocorrer durante o sono noturno.

Quem sofre de narcolepsia com frequência tem um sono noturno fragmentado, em decorrência de despertares espontâneos ou movimentos periódicos dos membros. A queixa principal é de insônia, em vez de hipersonia. O indivíduo pode hesitar quanto ao envolvimento em atividades sociais, por medo de adormecer ou ter um ataque cataléptico durante essas atividades.

A privação de sono, por qualquer causa, produz sonolência diurna. A narcolepsia deve ser diagnosticada apenas se o indivíduo demonstrou um horário regular de dormir e despertar, com uma quantidade normal de sono noturno.

HIPERSONIA

Há raras situações em que a privação de sono e horários irregulares para dormir provocam alucinações relacionadas ao sono ou paralisia do sono, mas jamais catalepsia. O grau de sonolência diurna pode ser similar em indivíduos com narcolepsia e com hipersonia primária. Pessoas que apresentam hipersonia primária geralmente descrevem um sono noturno prolongado e menos perturbado. A sonolência diurna na hipersonia primária consiste de períodos de sono mais prolongados e não reparadores, com uma urgência menor do que os "ataques" de sono da narcolepsia e menos frequentemente.

TESTES

Através da polissonografia noturna é possível averiguar como se processa o período de sono em cada situação. Temos um sono menos perturbado e uma latência REM (Sigla para Rapid Eye Movement) normal em pessoas com hipersonia primária e não evidencia períodos REM no início do sono. Os indivíduos com transtorno do sono relacionado à respiração experimentam sonolência excessiva igual, em magnitude, à dos pacientes com narcolepsia. Além disso, muitos deles podem desenvolver algum grau de apneia do sono.

COCHILAR NÃO É BOM PARA TODOS

Pesquisas indicam que cochilos diurnos não são reparadores em indivíduos com transtornos do humor. Além disso, não apresentam os sintomas característicos da narcolepsia, embora os indivíduos com transtorno depressivo maior, com aspectos psicóticos, possam queixar-se de alucinações próximas ao sono e em outros momentos.

Os estudos polissonográficos de indivíduos com transtornos do humor podem revelar uma curta latência REM, mas tipicamente não tão curta quanto aquela vista na narcolepsia. A latência do sono noturno também é mais longa em indivíduos com transtornos do humor. Um teste diurno mostra um grau muito menor de sonolência fisiológica e períodos infrequentes de REM no início do sono, em indivíduos com transtornos do humor. Portanto, a "sonolência" nesses indivíduos se parece mais com uma manifestação de retardo psicomotor. O uso ou abstinência de substâncias (inclusive medicamentos) pode produzir alguns sintomas de narcolepsia. Efeitos similares podem resultar da descontinuação abrupta de agentes anticolinérgicos, inclusive antidepressivos.

TERROR NOTURNO

Recentes estudos comprovaram que as crianças com Transtorno de Terror Noturno não têm uma incidência maior de psicopatologia ou transtornos mentais do que a população geral. Apenas quando o Transtorno de Terror Noturno se apresenta em adultos, pode ser indicativo de psicopatologia. É mais comum em indivíduos com Transtorno de Estresse Pós-Traumático e Transtorno de Ansiedade Generalizada. Entre crianças, o Transtorno de Terror Noturno é mais comum no sexo masculino.

CAPÍTULO 4
AMOR E PAIXÃO

Atualmente, existe um consenso de que podemos amar milhares de vezes ao longo da vida e cada vez mais. Contudo, para isso, temos de aprender a ficar sozinhos.

Muito se falou que amor é uma coisa e paixão é outra. Entretanto, estudos recentes apontam que é preciso estar apaixonado para amar e fazer as coisas sem paixão é a mesma coisa que beber água sem estar com sede. Se você se sente vazio ou apático antes de começar um relacionamento, é assim que você ficará durante tal relacionamento.

Mulheres das mais variadas idades consideram o casamento, uma espécie de contrato, homens consideram que mulheres ainda são para cuidar de casa e filhos e as famílias assinam embaixo. Eles chamam essa "prostituição institucionalizada" de "amor".

Ainda prevalece na sociedade moderna a ideia de que o homem ideal deve ser rico e a mulher ideal, bela e de preferência sem muita cultura e inteligência, pois assim tornam-se excelentes empregadas conjugais.

Apaixonar-se é muito gostoso. Durante a paixão damos o melhor de nós mesmos, o que nos faz mais charmosos, inteligente e carinhosos. Depois de um tempo, tudo torna-se morno e passa a se chamar "relação", não é isso? E somos arremessados na dura realidade. O que está acontecendo é a divisão de nossa tão tranquila vidinha solitária com outrem. Estamos compartilhando e tínhamos até esquecido como se faz isso... Um dia, chega a inevitável questão: "*Fiz a escolha certa?*". Logo a seguir nos deparamos com: "Mas ele não era assim"; "Ela me enganou"; "Ele me deixava tão segura"; "Ela era tão carinhosa"; "Ele é muito agressivo"; "Ela mente muito"; "Nós nos amávamos, mas não nos entendíamos". Sim, porque a primeira indagação "*Será que fiz a escolha certa*" já está levando o tal "amor" à bancarrota. E não estamos dizendo que não era amor, mas cadê a perseverança e a paciência mútuas?

MITOS SOBRE O AMOR

1) Só se ama um vez. – Espere a vida inteira por sua alma gêmea e morrerá esperando por uma.

2) O verdadeiro amor atura tudo! As traições dela, a falta de vida sexual, a violência, as agressões, mesmo que verbais etc. – O amor não é burrice.

3) Quando conhecer o verdadeiro amor, você saberá. A química da primeira vista... – Isso pode ser mera atração física, nada mais.

4) O amor lhe oferece a mais absoluta liberdade. – Esquece. Amar pode significar ciúmes, tristeza e prisão para um ou os dois envolvidos.

5) O parceiro perfeito é: lindo, charmoso, inteligente, compreensivo, confiável, engraçado e rico. A parceira perfeita é: linda,

sociável sem ser vulgar, ama incondicionalmente; é inteligente, sexy, adora crianças e animais e vai cativar toda sua família. – Isso não existe. Todo mundo tem defeitos.

VERDADES SOBRE O AMOR

1) Não tema perguntar o que for preciso por medo de que o outro nos entenda mal. Isso nos impede de saber muita coisa ou só sabemos bem depois.

2) Seja o mais sincero que puder. Ou melhor: seja absoluta e cruelmente sincero. Seja você mesmo sem disfarces.

3) Não faça nada de que realmente não goste somente para agradar. Abra o jogo. Não faça elogios vazios. Elogie apenas o que realmente gosta.

4) Não desperdice a frase "*Eu te amo*", mas se sentir impulsos a dizê-la, mesmo fora de hora e lugar, diga.

O QUE NÃO DÁ CERTO

- Preocupar-se mais com o outro do que consigo.
- Apaixonar-se por uma concepção sua.
- Ter pena ou querer "salvar" o outro.
- Ficar com alguém por falta de opção ou desespero.
- Ficar para ter uma parceria na velhice.
- "Ah, ele não deixa faltar nada em casa." Quando isso é desculpa para os defeitos dele.
- "Mas ela cozinha bem." Quando isso é desculpa para os defeitos dela.

O QUE VALE A PENA

- Alguém que confesse gostar muito de aprender.
- Reconhecimento de defeitos e intenção (não promessa) de mudança.
- Total franqueza e abertura emocional.
- Integridade e maturidade.
- Responsabilidade.
- Humor refinado.
- Autoestima alta.

ESTUDO CIENTÍFICO

Por meio de um estudo da Psicologia experimental, um grupo de cientistas liderado pelo psicólogo James McNulty, da Universidade da Flórida, analisou 135 casais heterossexuais para os primeiros quatro anos de casamento. A ideia foi avaliar, por intermédio de exames de semestre, o sentimento mais visceral e instintivo entre eles.

Um dos mecanismos de avaliação foi o de mostrar ao participante uma fotografia do seu cônjuge em 300 milissegundos, seguida por palavras como, "grande", "extraordinário", "extravagante", "sensacional", ou seus antônimos: "terrível", "horrível" "repugnante", "desagradável". Ao pressionar um botão, a pessoa tinha de decidir se a imagem correspondia à determinada palavra. Quando a palavra era positiva, os parceiros acionavam a chave rapidamente. Para repúdio ou negação, o tempo de acionar a chave era maior. A velocidade do tempo de reação revelou que esses sentimentos não são filtrados pela razão, mas surgem das profundezas do cérebro, onde os impulsos e reações involuntárias a estímulos têm origens distintas.

O teste baseou-se no princípio da associação psicológica que pode detectar se, após o ponto de vista fugaz da imagem, o estado mental dos participantes é positivo ou negativo.

O professor McNulty e sua equipe descobriram que recém-casados responderam de forma mais positivas, expressando alegria dos relacionamentos devido ao romantismo produzido presente neles. Mas as respostas automáticas variaram significativamente em relação às declarações mais razoáveis a respeito de carinho e felicidade.

RESULTADOS

Os pesquisadores descobriram que os participantes que tinham reagido negativamente durante os exames tinham como tendência expressar uma crescente insatisfação com o casamento, com o correr do tempo. Tanto que o estudo se transcorreu por quatro anos, ao fim dos quais alguns decidiram se divorciar.

"Todos acreditam e se esforçam a mostrar aos outros que há um bom relacionamento entre os cônjuges. Mas as pessoas começam logo a mudar de opinião, com o tempo, a respeito da estabilidade emocional de seu casamento; na maioria das vezes, as sensações levam a se convergir para uma desarmonia", declarou McNulty, em seus depoimentos e palestras.

Em sua pesquisa, publicada na notória revista norte-americana *Science*, em 2013, McNulty sugeriu a necessidade de dar aos sentimentos mais íntimos a importância que eles realmente merecem, especialmente quando se trata de um verdadeiro relacionamento entre parceiros efetivos. Sentimentos que passaram por todos os filtros da razão, que correm o risco de se tornarem um autoengano. "Não tenho a certeza de que os nossos lobos frontais estão além de nossas atitudes automáticas, mas o que eu posso dizer é que, às vezes, os nossos sentimentos viscerais podem ser mais precisos do que os nossos pensamentos mais deliberativos", concluiu McNulty.

CAPÍTULO 5
ÍDOLOS E A IDOLATRIA

A idolatria existe desde que o mundo é mundo. O homem das cavernas devia adorar o céu e os astros, os antigos maias, o Sol, bem como os egípcios, os indígenas são campeões em erigir totens para seus deuses, geralmente algum elemento da natureza ou algum animal selvagem, como o lobo ou o urso.

Nos dias de hoje, além de objetos, artistas e esportistas, ainda se tem o hábito de idolatrar tudo aquilo que se admira. Um homem apaixonado é um idólatra. Uma mulher, idem. Uma aluna por um professor, um amigo pelo outro...

Mas o mais comum é a idolatria de personalidades famosas: artista ou jogador de futebol, por exemplo. Qualquer celebridade causa admiração junto à população. Imaginem se existissem super-heróis de verdade? Os coitados sequer conseguiriam andar na rua e correriam o risco de ver pessoas desfilando em seus trajes colantes ou ouvir suas frases mais simples transformadas em bordão.

A idolatria exagerada pode tornar-se perigosa. Vamos lembrar o caso dos quase mil fiéis ao pastor Jim Jones, que em 1978 cometeram um suicídio em massa na Guiana Francesa por causa de uma ordem do líder religioso.

JOHN LENNON

Em 1980, Mark Chapman desferiu cinco tiros no ídolo-mor de toda uma geração: John Lennon, o mais inspirado dos Beatles. E Chapman idolatrava Lennon. Em 1981, John Hinckley atirou no presidente Ronald Reagan tentando chamar a atenção de um ídolo: a atriz Jodie Foster. E Hinckley reafirmou ter atirado apenas para que Foster o notasse.

Muitàs vezes, um ídolo é sufocado até a morte pela própria fama e a história está cheia deles: Marilyn Monroe, Elvis Presley, Jim Morrison, Kurt Kobain, Amy Winehouse. Ser um ídolo pode tornar a pessoa alvo de críticas mais maldosas e viver sob a mira do público, da imprensa e, o que é pior, da polícia. Michael Jackson, pereceu exatamente destes males e outros mais, vai se saber.

Outro caso trágico de idolatria se deu com a Princesa Diana em 1997, quando se viu, junto com o namorado, cercada por paparazzos, aqueles fotógrafos insistentes, e resolveu empreender fuga numa rua de grande movimentação. O resultado foi a morte imediata do casal.

INSATISFAÇÃO

Segundo pesquisa recente, a idolatria exacerbada é inerente ao ser humano, pois estamos sempre insatisfeitos com a própria vida e precisamos buscar algo mais como inspiração, como no caso de ídolos divinos, ligados à religião. Já quando idolatramos alguém de carne e osso é porque gostaríamos de SER aquela tal pessoa e, aí, o caos está instalado. Nos idólatras, a mola propulsora é sua insatisfação pessoal, nos idolatrados é a busca insana por fama e fortuna. Isso explica o sucesso de reality shows e programas como American Idol e Fama. Fato é que não há opressor sem oprimido, assim como não há adorador sem objeto de adoração. Como Deus e o diabo um não existem um sem o outro. E em todas as áreas há ídolos.

DESEJO

Quer seja na vida profissional, cultural e até amorosa, o ser humano ainda precisa dos astros e das estrelas como símbolos de suas incertezas. Ele precisa adorar o firmamento, desejar aquilo que não alcança ou supõe não alcançar. A juventude, principalmente, é responsável pelo delírio que a fama causa. Basta ir a um show de um grupo musical *teen* qualquer para entender perfeitamente o que é a idolatria. Como num templo ou numa seita de fanáticos, se ouvem gritos, se observam pulos e até choros desesperados. Tudo para, se possível, tocar por um leve segundo em seu "alvo" adorado, mesmo que este não perceba.

A mente subconsciente é um lugar onde os pensamentos são armazenados. Você pode acessá-la para ligar ou lembrar de pensamentos como se estivéssemos abrindo as gavetas de um armário. É como um piloto automático. Nenhuma pergunta, nada, e processos igualmente bons e ruins acontecem, completamente neutros, sem filtros. A filtragem se dá apenas pela mente consciente.

Tudo o que experimentamos (de bom ou ruim) é impresso na mente subconsciente. Todos os pensamentos, crenças, opiniões, teorias e eventos de vida, entram na mente subconsciente. Podemos optar por salvar voluntariamente qualquer plano em nossa mente subconsciente. Os pensamentos mais bem programados são aqueles carregados de emoção, por exemplo, os ligados à fé e ao desejo.

SUBCONSCIENTE

A mente subconsciente trabalha dia e noite, e aproveita o poder da Inteligência Infinita para converter os desejos de cada pessoa em seu equivalente físico. Ele funciona de forma independente a fazer esforços para influenciá-la ou não. Todos os impulsos podem afetá-lo, por isso é tão importante para controlar a consciência, como vimos em artigos sobre meditação.

Nós não podemos controlar totalmente a nossa mente subconsciente, mas podemos programar qualquer plano, desejo ou finalidade que se deseja alcançar. Muitos colecionadores começam essa atividade juntando objetos de uso pessoal ou ligados a tais celebridades. Somos seres em escala evolutiva, mas alguns costumes não mudam. Adorar e cometer atos de violência parecem costumes tão atuais quanto primitivos. Olhar de uma forma mais transtornada, correr para ouvir uma música ou vibrar exageradamente ao comemorar um ponto ou um gol são sintomas de idolatria.

O ídolo é um fenômeno eterno, os idólatras podem até passar, mas os ídolos ficam, quando pouco num fiapo de memória de quem os adorou demais e um dia, numa primavera qualquer, amadureceu.

SUPERANDO MANIAS

A mente subconsciente é programada usando técnicas de autossugestão e visualização. A mente subconsciente é a ligação entre a nossa mente física e Inteligência Infinita. É o meio pelo qual podemos nos conectar a nossa vontade com a Inteligência Infinita. As chances de conseguir nossos objetivos por meio do uso da mente subconsciente e sua projeção são enormes. O fato de entender que nossa mente subconsciente é o elo que nos liga com a Inteligência Infinita é algo chocante, como uma porta desconhecida que se abre diante de nós, com possibilidades impossíveis de medir ou imaginar. Enfim, a mente subconsciente é o meio pelo qual podemos transformar os nossos desejos em algo material, de realização.

IMPULSOS

Há um método de fins de formulação. Deve ser conciso, claro, direto e escrito em papel. E quem o quiser aplicar precisa ser persistente e repetir as intenções várias vezes ao dia, todos os dias. A mente subconsciente atua sobre os impulsos diários que são gravados, recebendo impulsos positivos e negativos mesmo sem a gente perceber. A única maneira de aproveitar este potencial é influenciando a mente subconsciente voluntariamente, pelos impulsos do desejo.

Influenciar voluntariamente o subconsciente a anular os impulsos de pensamentos negativos é como obter a chave de um tesouro. Tudo o que uma pessoa cria começa com um impulso de pensamento. A imaginação é o que inicia pensamentos em um estado de "difusão" para, em seguida, serem montados em partes significativas e se elevaram a pensamentos construtivos.

Os impulsos que dão origem a pensamentos são um misto de fé com desejo, na parte emocional, para multiplicar tal efeito, como programação da mente subconsciente. Esta mistura de pensamento e emoção só pode ser feita pela nossa imaginação.

CAPÍTULO 6
A CRISE DO DIVÓRCIO

Os motivos para ocorrer um divórcio podem ser dos mais variados. O conflito pode ter tantas causas quanto os motivos que levaram duas pessoas a decidirem viver juntas. O casal pode afirmar que o único fator é a perda do amor. Outros casais apontam a presença de um relacionamento extraconjugal, o esfriamento sexual, as brigas constantes, a interferência dos sogros, a falta de dedicação ao casamento, e tantos outros motivos que propiciam um desajuste conjugal.

Existem também fatores inconscientes (não percebidos pela pessoa) que são capazes de manter uniões "desajustadas", também ocorrem fatores psicológicos (inconscientes) da pessoa que agem na hora de optar-se por separações, além dos fatores objetivos, práticos, que se mostram mais evidentes.

Entre os fatores psicológicos que determinam as separações, podemos citar:

Escolha errada: não é raro que uma escolha insatisfatória tenha uma repercussão por meio do divórcio somente após anos de casamento. Nascimento de filhos, o surgimento de rotinas, a estabilização da vida sexual, a maior independência dos filhos crescidos, entre outros aspectos comuns do casamento, porém, geradores de ansiedade, podem levar a uma reflexão sobre a escolha do cônjuge apenas após anos de vida a dois.

Amadurecimento desigual: as mudanças naturais que ocorrem em cada pessoa ao longo da vida podem gerar nos parceiros de casamento diferenças que se tornam difíceis de conciliar.

Fim dos aspectos saudáveis do casamento: às vezes, uma pessoa encontra no parceiro alguém que vai poder aliviar sua ansiedade ou angústia diante de alguns de seus problemas pessoais. Quando a necessidade de alívio da ansiedade dentro do casamento acaba, a união também pode acabar.

ILUSÕES

Mudança psicológica de um dos cônjuges: muitas vezes, o que pode aproximar duas pessoas são seus lados problemáticos ou conflituosos. Assim, o divórcio pode estar ligado à melhora psicológica de um dos cônjuges, sem ser acompanhado pelo outro.

Surgimento de um problema psicológico em um dos cônjuges: com o passar dos anos, um dos cônjuges pode ter se tornado deprimido e alcoólatra, por exemplo. Também podem não suportar conviver com o outro em depressão ou crises de climatério.

Ilusões sobre o divórcio: às vezes, pode também ocorrer de a pessoa iludir-se a respeito da vida do divorciado (que seria mais prazerosa) e acabar optando pela separação. Portanto, não é tão raro ou estranho que separações retrocedam.

COMO A CRISE SE FIRMA

Mesmo que o casamento seguisse muito ruim, a separação desencadeia uma reação de luto pelo fim da união. É o luto pela tristeza decorrente da perda do casamento, tristeza que pode iniciar antes mesmo da separação definitiva. Ocorrem sentimentos de depressão e angústia intensa, relacionados a dúvidas e mudanças constante no humor na época do divórcio (às vezes alegre, eufórico, às vezes triste, outras vezes irritado).

Estudos mostram que o processo de recuperação psicológica da crise do divórcio leva cerca de dois anos para ter uma resolução satisfatória, quando torna-se possível que o ex-cônjuge seja visto de modo neutro (sem raiva ou rancor intensos ou, por outro lado, quando deixa de ser visto como "uma paixão insubstituível e perfeita"), com cada um dos separados aceitando sua nova identidade, de pessoa solteira ou descasada.

Não importa a forma como ocorre, se litigioso ou amigável, uma das mais graves crises da vida do adulto é o divórcio. Vamos lembrar que, no casamento, os parceiros mudam ou evoluem com os anos, geralmente em diferentes ritmos, e não necessariamente em direções complementares. Assim, diante de um casamento não satisfatório, começam a surgir inúmeros problemas no convívio e no relacionamento, que chamaremos aqui de *desajustes conjugais*. Ocorrendo a separação, os ex-parceiros, independentemente de quem tenha tomado a iniciativa, passam por um período de sofrimento em decorrência da perda da relação, por pior que esta estivesse no período imediatamente anterior ao divórcio.

NOVOS TEMPOS

A maior facilidade legal para o divórcio e a diminuição da influência da religião com seus dogmas rígidos tornaram a separação um acontecimento mais aceitável. Atualmente, as pessoas separadas sofrem menor preconceito do que no passado, até porque a situação se tornou corriqueira: toda família tem alguém que já se separou uma ou mais vezes.

Observem que o número de divórcios no país cresceu mais de 160% na última década. Dados da pesquisa Estatísticas do Registro Civil, no Brasil, divulgados em 2015 pelo IBGE, indicam que em 2014 foram homologados 341,1 mil divórcios, um salto significativo em relação a 2004, quando foram registrados 130,5 mil divórcios.

Em um casamento, quando ocorre um desajuste conjugal, a responsabilidade pelo problema é de ambos os cônjuges, mesmo que aparentemente a situação aponte para um único responsável. Isso porque ocorre o que pode ser chamado de acordo inconsciente entre os dois no casamento, isto é: um problema que aparentemente é de apenas um dos cônjuges, é, em geral, compartilhado ou até mesmo aceito pelo outro.

Muitas vezes, uma pessoa para se casar ou manter-se casada o faz pelas virtudes do parceiro ou da própria união. Porém, com as virtudes aparecem as diferenças e até mesmo os problemas. Questões socioculturais também são muito importantes na manutenção de casamentos muito desajustados, principalmente em culturas e classes sociais em que a mulher (ou o homem) tem uma educação rígida em relação ao casamento, não tendo uma vida pessoal própria, independente, mesmo profissionalmente, em que o casamento e a maternidade são vistos como meio de vida, muitas vezes por necessidade e não como opção.

Além disso, muitos casamentos mantêm-se pela extrema dependência afetiva dos cônjuges um do outro, que faz com que desajustes intensos no casamento sejam tolerados, de modo que a tristeza pela perda do casamento seja intensa ou até insuportável, não permitindo uma separação mesmo que os problemas conjugais sejam vários. Cada decisão de divórcio é um caso particular. Da mesma forma que ocorre com o casamento, o divórcio é uma questão única para cada dupla que se separa.

CAUSAS MAIS COMUNS

Geralmente, a separação é mais comum entre casais que se uniram na adolescência ou entre membros de diferentes níveis socioeconômicos e culturais. Também, pessoas cujos pais eram separados têm maior tendência a resolver um problema conjugal optando pelo divórcio.

Outra experiência provocadora de tensões no casamento é a paternidade, fazendo com que o parceiro sinta menos prazer com o outro após o nascimento de filhos. Filhos com problemas graves de saúde também geram uma tensão ainda maior, sendo que casamentos em que um dos filhos morre por doença ou acidente têm uma tendência de cerca de 50% em terminarem no divórcio.

TRAIÇÃO

Na meia-idade (entre os 40 a 60 anos) 60% dos homens e 40% das mulheres tiveram pelo menos um encontro extraconjugal (segundo dados norte-americanos). A maioria desses acontecimentos é mantida em segredo, mas a sua revelação raramente se transforma em causa suficiente para a separação. Muitas vezes, contudo, a relação extraconjugal sinaliza insatisfações prévias dentro do casamento, de um ou de ambos os parceiros, e não necessariamente apenas insatisfações sexuais.

COMO A NEUROCIÊNCIA EXPLICA

Sabe-se que quanto mais o tempo passa a partir da separação, menor atividade há em uma região do cérebro associada ao prazer e à recompensa. O sucesso do tratamento depende basicamente de três fatores:

1) Motivação do indivíduo em romper definitivamente o relacionamento e lutar contra o vício da paixão, resistir ao período de abstinência.

2) Suporte de familiares e amigos.

3) Intervenção psicológica ou médica adequada para cada pessoa.

Uma nova pesquisa feita pela Rutgers University, em Nova Jersey, nos Estados Unidos, sugere que a rejeição por um dos amantes pode ser semelhante a ter de se livrar de um vício. O estudo, publicado no Journal of Neurophysiology, é um dos primeiros a examinar o cérebro de pessoas que tiveram o "coração partido" recentemente e que têm dificuldade para superar o seu relacionamento.

Pessoas que sofrem muito por um amor não correspondido ou uma relação que chegou ao fim podem se apegar agora a uma explicação biológica. Os pesquisadores estudaram o cérebro de 15 voluntários (10 mulheres e 5 homens) com idade universitária e que tinham terminado um relacionamento, mas que ainda amavam a pessoa que os havia rejeitado. A duração média das relações era de cerca de dois anos, sendo que dois meses haviam se passado, em média, desde o rompimento dos relacionamentos.

Todos os participantes tiveram altas pontuações em um questionário que psicólogos utilizam para medir a intensidade dos sentimentos românticos. Os participantes também disseram ter gasto mais de 85% de suas horas acordados, pensando em quem os rejeitou.

Após a varredura, os cientistas descobriram que, enquanto olham para as fotografias dos antigos parceiros, homens e mulheres com o coração partido têm ativadas as regiões cerebrais associadas com recompensa, ânsia do vício, controle das emoções e sentimentos de apego, dor física e angústia.

Esses resultados fornecem respostas sobre os motivos pelos quais pode ser muito difícil para alguns superar uma ruptura e porque, em alguns casos, as pessoas são levadas a cometer atos extremos, como perseguições e homicídios, depois de perder o amor.

"O amor romântico é um vício", disse a autora da pesquisa Helen E. Fisher, antropóloga e estudiosa do comportamento humano. "É um vício muito poderoso e maravilhoso, quando as coisas estão indo bem e um vício horrível quando as coisas estão indo mal." A resposta do cérebro à rejeição romântica pode ter uma base evolutiva. "Provavelmente, os circuitos do cérebro para o amor romântico desenvolveram-se há milhares de anos para permitir que os nossos antepassados concentrassem sua energia de acoplamento em apenas uma pessoa por um tempo e iniciar o processo de acasalamento", acredita a pesquisadora.

EXPECTATIVA E TEMPO

A grande vilã do processo é a expectativa, e, quanto maior ela for, maior será a dor. Segundo Fisher, este sistema do cérebro é ativado para ajudar o rejeitado a tentar conquistar a pessoa de volta, para que se concentre nela e tente recuperá-la.

A máxima "*o tempo é o melhor remédio*" também vale para as pessoas romanticamente rejeitadas. Os pesquisadores observaram que quanto mais o tempo tenha passado desde a separação, menor atividade havia em uma região do cérebro associada ao prazer e à recompensa.

As áreas do cérebro envolvidas na regulação da emoção, a tomada de decisão e avaliação também foram ativadas quando os participantes viram a foto do seu ex-companheiro. "Isto sugere que os participantes estavam aprendendo a partir de sua experiência romântica passada, avaliando os seus ganhos e perdas e descobrindo como lidar com a situação", disse Fisher.

Falar sobre sua experiência, em vez de simplesmente viver o sofrimento, pode ter benefícios terapêuticos para o apaixonado. "Parece ser saudável para o cérebro, em vez de apenas ficar nadando em desespero, pensar sobre a situação de forma mais ativa e tentar trabalhar uma forma de lidar com isso", conclui Fisher. Significa que não estamos preparados para viver frustrações no amor? Que sofrer demais não é normal? E onde começa essa dor que parece não ter fim?

A grande vilã do processo é a expectativa. Quanto maior ela for, maior será o tombo. Mas não tem como fugir dessa preparação para algo que ainda está por vir. Desde a infância, vivemos uma formação de expectativas. Começar na escola, passar no vestibular, se formar, arrumar um emprego. O erro é tentar reproduzir esse comportamento nas relações humanas. Esperar por algo ou prever o comportamento do outro.

Em muitas situações é inevitável gerar expectativas. Mas se uma relação acabou, é melhor sacudir a poeira e seguir em frente. Devemos entender que as decepções, maiores ou menores, são um efeito colateral da vida, mas também passa por ter uma visão menos egocêntrica e mais humilde da própria existência: a de que mundo não gira somente ao nosso redor.

SOFRIMENTO: UM VÍCIO

Estudos indicam que o normal é que o sofrimento provocado por uma desilusão tenha um pico nas primeiras 24 horas e nos dias seguintes comece a decair. Ficar triste não é uma doença, mas a manutenção da tristeza e do sentimento de abandono merece ser estudado. É a lamúria e a lamentação que alimentam a decepção.

Os indivíduos que estão passando por esse tipo de alteração emocional apresentam sinais que fazem parecer que a vida tivesse acabado após sofrer a mágoa. São os chamados "*sintomas de definhamento*", quando a pessoa entra em um processo externo de autodestruição: fica isolada socialmente; come exageradamente ou não se alimenta; fica depressiva e relaxada com a sua própria higiene.

O processo da paixão envolve mesmo o sistema límbico, que ativa um eixo de retroalimentação, igual ao do vício em narcótico. As pesquisas demonstram que na saída de uma paixão ocorrem sintomas orgânicos parecidos com a privação dos narcóticos. Ou seja, as pessoas apaixonadas que terminam um relacionamento ficam muito, muito mal, mesmo sabendo racionalmente que não deveriam ficar assim. É uma experiência que muitos vivenciam e muitos vão passar um dia.

Preparar-se para a rejeição de quem se ama é algo importante para se ter em mente ao nos envolvermos afetivamente, todas as vezes. E é uma situação frequente com os adolescentes, que passam mal, ficam com taquicardia, sentem vazio no estômago e se deprimem, como se nada mais fosse ter sentido na vida. Ocorre algo que os impele a ter condutas não racionais e perigosas, que podem comprometer sua própria vida. Apaixonar-se é quase um vício. Nunca estamos preparados para cair no vício da paixão e pensamos que isso é coisa de adolescentes, mas é algo que deve ser tratado com seriedade e respeito.

O processo da paixão envolve um sistema que ativa um eixo de retroalimentação, que se assemelha ao do vício em entorpecentes. Portanto, quando falamos que o amor é um vício perigoso não se deve pensar que é exagero. Um amor não correspondido ou uma relação que chegou ao fim causa sofrimento, depressão, desilusão. Causa alterações orgânicas parecidas com a de privação dos narcóticos. Além das semelhanças com a abstinência do narcótico o tratamento indicado também é semelhante: afastar-se; evitar lugares, pessoas e coisas que façam lembrar o vício e manter-se firme no propósito de se curar.

Abstinência é a ação de abster, de se privar de alguma coisa, nesse caso o objeto da sua paixão. Libertar-se do vício da paixão é uma questão multifatorial que depende de: automotivação; suporte de amigos, familiares ou grupos de autoajuda; e intervenção médica ou psicológica.

Infelizmente, as pessoas ainda não perceberam a gravidade do problema e menosprezam os sintomas apresentados e citados pela psicoterapia. A pessoa entra em um processo externo de autodestruição, que gera o isolamento social; compulsão ou desinteresse pelo alimento; depressão, desleixo com a aparência e advém o sentimento de baixa estima.

O tempo realmente pode ser o maior aliado nesse tratamento. No entanto, parece algo contraditório que o amor possa ser a causa de tantos transtornos psíquicos. O fato é que não temos como evitar que ele aconteça, mas podemos curar suas "patologias".

CAPÍTULO 7
OS FILHOS DO DIVÓRCIO

A situação dos filhos é a grande preocupação dos que profissionalmente se dedicam a minimizar o efeito do divórcio nos separados. Havendo consequências para as crianças e abordando vários fatores, inclusive o da própria resolução favorável à separação dos pais, devido a desarmonia deles, são a idade das crianças e o seu grau de desenvolvimento que levam a diferentes questões.

A separação é um projeto dos pais. Muitas crianças conseguem ser razoavelmente felizes e sentem-se bem cuidadas em famílias em que um ou ambos os cônjuges sentem-se infelizes. Poucas crianças demonstram alívio com a decisão do divórcio. A repercussão imediata dos filhos ao divórcio é variável, de acordo com o desenvolvimento e a idade dos mesmos.

Crianças mais novas, pré-escolares, de 3 a 5 anos, podem apresentar uma regressão depois que um dos pais deixa o lar. Podem voltar a urinar na cama, a serem mais solicitantes, demonstrando ter vários medos e a ter alterações sociais e econômicas para todos os envolvidos, quando acertaram manter um bom relacionamento entre pais e filhos.

É provável que as crianças não venham a sofrer interferência no desenvolvimento ou desgaste psicológico duradouro. Se o divórcio for realizado de modo a humilhar ou a enraivecer um dos parceiros, se o ressentimento e a infelicidade dominarem o relacionamento pós-divórcio, ou se as crianças forem mal amparadas ou informadas, se foram usadas como aliadas, alvo de disputa ou vistas como extensões dos adultos, se o relacionamento da criança com um ou ambos os pais for empobrecido e perturbado e se a criança se sentir rejeitada, o desfecho mais provável para as crianças será a interferência no desenvolvimento, a depressão ou ambos. Elas podem se tornar irritáveis e exigentes.

Crianças de 5 a 8 anos geralmente demonstram uma tristeza aberta pelo divórcio. É comum a situação se refletir no declínio do rendimento escolar.

Na idade de 8 a 12 anos, em geral, a criança reage com raiva franca de um ou de ambos os pais, por terem causado a separação. Por vezes, demonstram ansiedade, solidão e sentimentos de humilhação por sua própria impotência diante do ocorrido. O desempenho escolar e o relacionamento com colegas podem ter prejuízo nesta fase. Vimos como as consequências do divórcio nas crianças a médio e a longo prazo é muito variável.

Os adolescentes sofrem com o divórcio dos pais, muitas vezes demonstrando depressão, raiva intensa ou com comportamentos rebeldes e desorganizados.

CIÊNCIA

Judith Wallerstein, psicóloga americana, autora do livro *Filhos do Divórcio*, observa: "Quando os pais decidem pela separação após pensar bem e considerar cuidadosamente as alternativas, quando previram as consequências psicológicas, sociais e econômicas para todos os envolvidos, quando acertaram manter um bom relacionamento entre pais e filhos, então, é provável que as crianças não venham a sofrer interferência no desenvolvimento ou um desgaste psicológico duradouro".

DIFERENÇAS

Em uma análise comparativa sobre os filhos de casais separados e de famílias intactas, os filhos de casais divorciados são diferentes dos outros?

Aparentemente, não. Do ponto de vista social, eles têm o mesmo padrão, choram, riem, vão à escola, se vestem com roupa da moda e assistem aos mesmos filmes e programas de televisão.

Archibald D. Hart – D. Hart, da África do Sul, é psicólogo clínico e pesquisador, estudioso de questões como depressão, estresse e ansiedade, e é autor de 26 livros sobre o tema – em seu livro *Ajudando os filhos a sobreviverem o divórcio* demonstra que com o evento da separação a vida da criança é mudada para sempre. Os filhos do divórcio são, de fato, influenciados pelo processo e irão ser provavelmente diferentes das outras crianças como uma consequência.

Qual a razão disso? O divórcio, embora não seja mais o estigma que era antes, tem grande significado na experiência de uma criança.

O divórcio apresenta uma série de eventos doloridos que força ajustes e mudanças para as quais nem sempre as crianças estão preparadas. Essas transformações deixam marcas e permanecem depois que a poeira assenta. É nesse momento que surgem as verdadeiras dificuldades.

A maioria dos períodos pós-divórcio é ácida e no geral prejudica mais do que o próprio divórcio, deixando quase sempre cicatrizes emocionais permanentes em todos os envolvidos, mas especialmente nas crianças.

CAUSAS

Já vimos e sentimos o suficiente para ter certeza que o divórcio não é um acontecimento neutro que a criança irá superar rapidamente, como muitos supõem. É uma causa grave e complexa de problemas de saúde mental, hoje. Os resultados de pesquisas realizadas demonstram que os efeitos do divórcio sobre os filhos são muito mais sérios e duradouros do que a maioria dos defensores do divórcio está disposta a admitir.

Toda regra tem exceções – não são todos os filhos do divórcio que sempre são irrevogavelmente afetados ou emocionalmente atingidos. Tudo depende do comportamento dos pais que estão se divorciando e como eles vão ajudar os filhos a se ajustarem à dissolução do casamento. É possível que os pais, com a orientação adequada, possam auxiliar os filhos a se tornarem mais ajustados, saudáveis e bem-sucedidos.

Alguns estudiosos recomendam para isso a guarda compartilhada física (com alternância de casas por pequenos períodos de dois ou três dias), ou mesmo a legal sem alternância de casas. Apontam como a melhor forma de encorajar a cooperação entre os pais e os filhos.

EXPLICAÇÃO É IMPORTANTE

Como explicar para as crianças o complexo momento da separação? Explicar a separação às crianças não é nada fácil, mas é indispensável. Um processo de divórcio é sempre muito doloroso para os filhos, mesmo quando termina a relação, por ser a melhor solução para toda a família, tanto mais quando existem filhos no meio, perdidos entre inseguranças, receios e falsas culpas.

O divórcio é um assunto complicado que pode levar meses ou anos para se resolver, mas existe "aquele momento" em que os pais comunicam a sua decisão aos filhos. O problema maior não está na separação, mas sim quando se pede para a criança tomar partido ou quando ela é usada como objeto de chantagem contra o cônjuge. Este é um dos erros mais cometidos pelos casais que tomam decisões de divórcio. A criança não precisa nem deve participar deste momento. É importante sempre falar sobre separação longe dos filhos.

A VERDADE

As crianças memorizam impressões negativas quando recebem qualquer tipo de estímulos bruscos, por exemplo, quando os pais elevam as vozes durante as brigas, quando fazem acusações e têm explosões de raiva. O processo de separação deve ser conversado apenas entre o casal.

Objetividade, serenidade e honestidade são as regras mais importantes na conversa com os filhos. Mesmo quando a relação do casal já comporta alguma agressividade, esta conversa dever ser calma e serena.

Os pais, por muito que lhes custe ver os filhos sofrerem, precisam abrir algum espaço para que seus filhos possam manifestar os seus sentimentos. É importante deixá-los chorar ou mesmo expressar de alguma forma livre todas as emoções negativas que quase sempre marcam a reação do divórcio: raiva, insegurança e dor.

O MOMENTO DA COMUNICAÇÃO

O anúncio da separação não deve assumir a forma de um comunicado unilateral. É normal que os filhos não possam alterar a decisão tomada pelos pais, o que não quer dizer que as crianças sejam obrigadas à resposta do silêncio. Por isso, no caso de os filhos não dizerem nada, numa altura em que um turbilhão se instalou nas suas cabeças, cabe aos pais conversar, refletir e ajudá-los a organizar as ideias ou motivá-los a expor melhor as suas dúvidas. Quando a explicação para a separação tem uma abordagem clara e correta, as crianças são capazes de entender muito melhor.

Um psicólogo pode ajudar muito. Na maioria dos casos, as crianças, dependendo da sua idade, não conseguem traduzir o que estão sentindo no momento da descoberta sobre a separação dos seus pais, e essa pode ser sua primeira experiência ligada à perda, e ter reações tais como, mudança de rotina, sentir saudade, ter raiva e tristeza.

Após a separação, se possível, a criança deve ter o acompanhamento de um psicólogo. Se enfrentar esses sentimentos para um adulto é difícil, imagine para uma criança. O psicólogo constrói uma ponte de entendimento que pode acalmar e evitar que a criança desenvolva comportamentos anormais.

INSEGURANÇA

Antes de mais nada, é preciso promover uma postura da verdade. Depois de tomada a decisão da separação, não vale a pena deixar atrasar a conversa obrigatória com os filhos. O pior é deixá-los notarem que algo se passa entre os pais, sem se prontificarem desde logo para falar, esclarecer e dissipar dúvidas. O subentendido é um terreno perigoso, que só aumenta os sentimentos de insegurança, medo e ansiedade dos filhos, que não compreendem exatamente o que está acontecendo nesse momento.

Dizer logo a verdade é o melhor caminho, a criança deve saber o quanto antes da nova situação e sempre em conversa com o pai e a mãe, juntos, e nunca por intermédio de terceiros. Mesmo com crianças mais novas é importante deixar claro a situação, nem que seja pelo intermédio de uma pequena história que ilustre de forma mais realista possível o que se está acontecendo e o que se vai passar. Chegando o momento da comunicação, a verdade é a melhor conselheira, desde que não seja motivo para acentuar o sofrimento inevitável das crianças perante o anúncio do divórcio.

Confie na capacidade de compreensão, independentemente da idade, e não esqueça que a criança deve ser poupada e zelada sobre os pormenores da separação que só contribuem para aumentar ainda mais os sentimentos negativos.

Os filhos não devem participar dos conflitos. Mesmo nos casos de divórcio litigioso ou conflituoso, os pais devem sempre fazer um esforço para que não tenham os filhos como espectadores.

SUPERAÇÃO

As crianças devem ser completamente esclarecidas que o processo de divórcio é permanente, de forma a não alimentarem na cabeça a fantasia de uma reconciliação. Os pais devem, ainda, reforçar o fato que, por serem filhos de pais separados isso não é motivo de vergonha ou embaraço e que estão sempre disponíveis a apoiar os filhos a superarem as dificuldades e qualquer tipo de problema inerente à adaptação a uma nova vida e uma nova situação familiar.

O que a criança realmente precisa, estando seus pais juntos ou separados, é que eles mantenham uma postura educacional pacífica e séria. Se a mãe proíbe, mas o pai libera, a criança pode se tornar manipuladora. A partir daí, começam por usar os pais para conseguir tudo aquilo que desejam. Mesmo que os pais tenham opiniões diferentes, não é bom que as expressem deliberadamente na frente de seus filhos. O casal deve conversar entre si para chegar a um acordo sobre qual é a melhor decisão a ser tomada em relação aos filhos.

EFEITOS

Entre as consequências do divórcio, devemos lembrar também um número crescente de abuso e negligência de menores. Um estudo realizado no Brasil mostrou que crianças que vivem em famílias com presença de padrastos são 2,7 vezes mais sujeitas a abusos do que as crianças que vivem em famílias estáveis, formadas pelos pais biológicos.

Nos Estados Unidos, mais de um milhão de crianças por ano são vítimas inocentes do divórcio dos pais. O divórcio machuca os pais, mas quem sofre mais são as crianças, conforme demonstrado por pesquisas recentes – o estudo *Efeitos do Divórcio sobre as Crianças*, de Patrick F. Fagan e Aaron Churchill, foi publicado pelo Marriage and Religion Research Institute (Instituto de Pesquisas sobre Casamento e Religião). O relatório analisa uma série de áreas em que o dano é evidente para as crianças. A primeira área é a da relação entre pais e filhos.

Como esperado, o divórcio tem efeito negativo sobre a capacidade dos pais de interagir com os filhos. Descobriu-se que o estresse causado pelo divórcio prejudica a relação entre mãe e filhos no caso de 40% das mães divorciadas. O dano é mais pronunciado quando as crianças estão em período escolar.

CONSEQUÊNCIAS

Em termos práticos, isto significa que, após o divórcio, as crianças recebem menos apoio emocional, assistência financeira e ajuda dos pais. Há também uma diminuição no estímulo acadêmico, na autoestima, na afetividade e no incentivo à maturidade social. Menos momentos de lazer e mais castigos físicos são outra consequência da separação dos pais para as crianças.

O estudo revela que a maioria (cerca de 90%) das crianças permanece com a mãe depois do divórcio. Isto dificulta que o pai mantenha laços estreitos com os filhos. Quase a metade das crianças disse não ter visto o próprio pai durante o último ano.

Outro aspecto analisado pelo estudo de Fagan e Churchill é o efeito do divórcio na prática religiosa das crianças. "Depois do divórcio, eles ficam mais propensos a parar de praticar a fé." O declínio na prática religiosa impede as crianças de conhecerem e internalizarem os efeitos benéficos da educação religiosa: a estabilidade do casamento, a educação, a capacidade de produzir renda, a saúde física e mental.

Uma parte do estudo examinou como o divórcio afeta as atividades educativas. No Ensino Fundamental, por exemplo, houve um declínio imediato no desempenho escolar. No ensino secundário, filhos de famílias sólidas têm resultados significativamente melhores do que os colegas cujos pais se divorciaram. Aos 13 anos, por exemplo, há uma diferença de meio ano em habilidades de leitura entre os filhos de pais divorciados e os filhos de famílias estáveis.

ESCOLA

Outra pesquisa revela que os filhos de casais divorciados são 26% mais propensos a abandonar o Ensino Médio do que as crianças criadas em famílias estáveis. Mesmo que um pai divorciado volte a casar, este novo casamento não reduz o impacto inicial negativo do divórcio sobre o desempenho escolar das crianças.

O impacto negativo do divórcio se estende à universidade. Uma pesquisa citada por Fagan e Churchill indica que apenas 33% dos estudantes de famílias divorciadas conseguem o diploma, em comparação com 40% dos seus colegas de famílias estáveis.

Dado o impacto que o divórcio tem na educação das crianças, as pessoas que sofrem esse trauma têm renda e patrimônio mais baixos do que a média, além de uma chance maior de enfrentar dificuldades financeiras.

O estudo aponta que o divórcio tem um custo econômico não só para as famílias, mas também para o governo e para a sociedade. As estatísticas mostram que filhos de famílias divorciadas são mais propensos a se envolverem em comportamentos delinquentes, brigas, roubos e abuso de álcool e drogas.

ESTRESSE

Além disso, "o divórcio perturba a estabilidade psicológica de muitas crianças", prossegue o texto. O estudo em questão cita um levantamento feito com alunos de sétima e oitava séries, que revelou que o divórcio dos pais foi o terceiro fator mais estressante em uma lista de 125 eventos. Para a criança, somente a morte de um dos pais ou de um parente muito próximo é mais estressante do que o divórcio de seus pais.

Devemos acrescentar que o impacto psicológico não é passageiro. Mesmo adultos, aqueles que sofreram o divórcio quando crianças, experimentam um número maior de problemas emocionais e psicológicos do que aqueles que vêm de uma família estável.

A parte final do estudo explica que, ao contrário dos pais divorciados, que muitas vezes conseguem encontrar alívio após a separação, o sofrimento das crianças continua durante muito tempo depois do divórcio. Os efeitos negativos podem durar até três décadas. Para Fagan e Churchill, "o divórcio tem efeitos que prejudicam as crianças e todas as cinco grandes instituições da sociedade: a família, a igreja, a escola, o mercado e o próprio governo."

Com o alto número de divórcios que se verificam hoje, as consequências debilitantes continuarão se manifestando nos próximos anos. Não é um pensamento reconfortante, considerando a tendência cultural que critica a família natural e procura redefinir o matrimônio.

CAPÍTULO 8
CONFLITOS DE ADOLESCENTE

Adolescente não é criança, já pode entender o mundo, já sabe o que é bom e mau. Afinal, caminha para a vida adulta. Percebe que as complexidades ajustam a distância entre os extremos. Tema, aliás, muito bem explorado em Antes que o Mundo Acabe, *um livro que virou filme homônimo, uma obra lida por mais de cem mil jovens e assistida por milhares.*

A história enfoca os jovens no momento da vida que é geralmente tratado como o mais difícil. Este livro, de Marcelo Carneiro da Cunha, publicado em 2000, é uma novela juvenil narrada pelo protagonista Daniel, um estudante do Ensino Médio, que vive as alegrias e os conflitos da adolescência.

Daniel, interpretado no cinema por Pedro Tergolina, é um jovem deslocado que luta em busca de uma identidade própria. Há um entrave em seu caso: ele não conhece pessoalmente o seu pai, um fotógrafo que viaja pelo mundo. Sua namorada, Mim (Bianca Menti), está afim do melhor amigo de Daniel, Lucas (Eduardo Cardoso).

Ao ver o trabalho de seu pai, por meio de fotos tiradas na Tailândia, o jovem se sente ainda menor. Ele mora em Santa Maria, interior do Rio Grande do Sul. Então, percebe que o mundo, além de sua pequena cidade, tem muito a lhe ensinar.

Os conflitos sufocantes de Daniel são reforçados em termos de metáforas. Há pássaros que vivem em uma gaiola e uma estátua da santa dentro do andor, em passagens do filme, fazendo um paralelismo sobre como o pai do garoto vê o mundo exterior, como são os "casamentos poliândricos", na Malásia, onde o personagem realiza fotografias, e a situação que Daniel vivencia, ao lado de uma garota com dois amores. Assim como a situação de viver engaiolado na pequena cidade.

Então, Daniel começa a medir possibilidades para conhecer o imenso mundo, onde acontecem tsunamis, malárias e todo tipo de grandes temas, apresentados em "hipertextos" que enriquecem o filme, coisa que um dos roteiristas desta fita, Jorge Furtado, já havia explorado em seu esplêndido documentário *Ilha das Flores*, e no longa *O Homem que Copiava*.

Antes que o Mundo Acabe conquistou a preferência de muitos alunos, professores e também psicólogos. Nos pequenos e belos olhos azuis de Pedro Tergolina encontramos refletida a curiosidade típica dos jovens.

O filme mostra como é difícil ser adolescente. Para completar a confusão mental de Daniel, o rapaz com ciúmes da agora ex-namorada, que se aproximou rapidamente do amigo Lucas, quebra o laboratório do colégio, que estava sob os cuidados de Lucas, e ainda deixa a porta aberta. No dia seguinte, Lucas, além de ter de dar explicações sobre a quebradeira, é suspeito do sumiço de equipamentos da escola. Daniel se isola, e vai ter que decidir se enfrenta esse mundo que parece que vai realmente acabar, tomando as rédeas da sua vida, ou se simplesmente deixa o destino agir, para ver se ele tem sorte.

Outro grande ponto positivo do filme é ser narrado pela irmãzinha de Daniel, Maria Clara (Caroline Guedes), que entre uma brincadeira, faz comentários inocentes sobre as provações que o irmão mais velho passa, demonstrando didaticamente o amadurecimento do irmão, ao contrapor as visões simplistas da pequena com as dúvidas dele.

"Daniel é um adolescente crescendo em seu pequeno mundo com problemas que lhe parecem insolúveis: uma namorada que não sabe o que quer, um amigo que está sendo acusado de roubo, e como sair da pequena cidade em que vive. Tudo começa a mudar quando ele recebe uma carta do pai que nunca conheceu. Em meio a todas essas questões, ele será chamado a realizar suas primeiras escolhas adultas e descobrir que o mundo é muito maior do que a gente pensa. A história trata de afeto, família, globalização, mas principalmente de responsabilidade. Graves questões éticas são colocadas sem abrir mão da simplicidade."

(Anna Paula Rodrigues Mariano, psicóloga e psicoterapeuta existencial).

CAPÍTULO 9
A LONGA ADOLESCÊNCIA

O conceito de adolescência que tínhamos antigamente mudou. É o resultado de todas as mudanças ocorridas na sociedade. Pode-se definir adolescência como um período de transformações físicas, psicológicas e sociais que possibilitam a entrada no mundo adulto.

Alimentos industrializados e alimentação rica em carboidratos têm causado a antecipação da menarca das meninas (primeira menstruação) e, consequentemente, a entrada na menopausa. Por conta dessas mudanças, a entrada na adolescência se antecipa e, devido a fatores sociais, se prolonga. Aqui no Brasil, os jovens têm deixado a casa dos pais e assumido as responsabilidades por suas vidas cada vez mais tarde. Já não é exagero dizermos que a fase de adolescência se estende além dos 30 anos.

A fase chamada de "adolescência tardia" é a que vai além dos 18 anos. Costuma se estender até os 25, idade comum de entrada no mercado de trabalho para a classe média. Mas dependendo da formação do jovem, ele pode passar alguns anos no pré-vestibular e outros tantos na pós-graduação, que pode incluir mestrado, doutorado, pós-doutorado, além de especializações no exterior.

MUDANÇAS COM SUPERPROTEÇÃO

Na adolescência, as mudanças no pensamento ocorrem de forma que modificam também a maneira do adolescente se relacionar com o mundo que o cerca. O pensamento torna-se reflexivo e alguns conceitos que não faziam parte do repertório do jovem começam a conduzir suas ações.

Essa fase pode ser vivenciada como uma transição ou como uma crise. Porém, não se pode afirmar que todo adolescente vivencia esse período como uma crise. Algumas situações que o adolescente tem de lidar são consequências da vida moderna, como a nova família e a escolha de uma profissão, entre tantas que existem.

Atualmente, estuda-se por muito mais tempo antes de ingressar no mercado de trabalho. Quanto mais os pais tentam proteger seus filhos, menos os prepara para a vida e para as relações sociais. No Brasil, grande parte dos filhos deixa a casa dos pais apenas para se casar. A insegurança e o medo de assumir responsabilidades da vida adulta são o que fazem com que o adolescente permaneça na "barra da saia" dos pais.

Faltam conhecimento, informação e esclarecimento para que os pais saibam lidar com os adolescentes de hoje. Liberar os filhos para a vida adulta não é necessariamente romper vínculos, mas orientá-los no caminho e ampará-los em suas escolhas.

EQUILÍBRIO

Içami Tiba, psiquiatra especializado em crianças e adolescentes, autor do *best-seller Quem Ama Educa, lembra* que é na adolescência que surgem os conflitos relacionais entre as duas gerações. Adolescentes não aceitam imposições, portanto, é preciso que combinações sejam feitas. Tudo passa a ser uma questão de encontrar o equilíbrio numa fase em que os onipotentes juvenis querem chegar aos extremos.

"Os filhos ficam um pouco inseguros em crescer. Mas há pais que sofrem ainda mais ao constatar que eles estão mudando e continuam tratando o adolescente como se ele fosse criança", diz Tiba. Para o psiquiatra, quando o pai não faz questão de se aproximar e insiste em restringir a liberdade, sem dividir responsabilidades com o filho, uma das maneiras que o jovem encontra para chamar a atenção sobre suas necessidades é bater de frente.

"Ser bom pai de crianças não significa ser bom pai para adolescentes. Crianças carregam o sobrenome dos pais, adolescentes querem o próprio nome" – observou o psiquiatra, falecido em 2015, em sua página de internet.

Em 2004, o Conselho Federal de Psicologia pesquisou, por meio do Ibope, qual o maior profissional de referência e admiração. Içami Tiba foi o primeiro entre os brasileiros e o terceiro entre os internacionais, precedido apenas por Sigmund Freud e Gustav Jung (pesquisa publicada pelo *Psi*, jornal de Psicologia, do Conselho Regional de Psicologia).

CAUSAS FÍSICAS

As mudanças físicas durante a adolescência influenciam grandemente a identidade do adolescente. O adolescente tem de se adaptar a essas mudanças físicas, assumir a sua identidade e continuar no caminho para a sexualidade na idade adulta. Muitos adolescentes passam por esta fase sem graves distúrbios psicológicos. No entanto, todos eles experimentam preocupações, ansiedades e dúvidas. Durante esta fase, os adolescentes passam por mudanças que são percebidas pelo ambiente (pais, colegas, professores).

A adaptação às mudanças físicas está associada a pressões de grupos e normas culturais de beleza e sedução. O pensamento de um adolescente difere do pensamento de uma criança pelo desejo de encontrar sentido em todos os aspectos da sua experiência concreta com o mundo (contato com novos amigos ou instituições). Perguntas sobre si mesmo tornam-se muito mais profundas e se relacionam com aspectos muito mais afetivos: amor, amizade, parceria, justiça, religião e moralidade.

ENTENDENDO AS CAUSAS

A maioria dos adolescentes não constrói uma ideologia própria, mas adquire crenças e ideologias existentes em seu ambiente social. Durante este estágio, adolescentes lidam profundamente com o dilema de vida ou morte.

A adolescência é uma fase de conflito. Durante essa etapa, as relações familiares mudam e o adolescente se abre para um mundo muito maior, onde seus amigos ocupam um lugar muito importante. Durante essa fase, os grupos de pessoas da mesma idade são os principais meios de socialização. Em tais grupos, as funções são complementares e não opostas, como ocorrem no ambiente familiar. A formação desses grupos pode facilitar as relações de amizade e promover a identificação mútua, que ajuda o adolescente a encontrar uma identidade pessoal e social – esses grupos permitem que o adolescente assuma papéis e enfrentem situações sociais onde ele precisa decidir entre o que deve e o que não deve ser feito. Outro meio importante de socialização é a escola. O ambiente escolar favorece a formação e funcionamento dos grupos de amigos e também estimula o confronto com as demandas de adultos profissionais.

CAPÍTULO 10
OS SUPER-HERÓIS NO DIVÃ DO PSICANALISTA

Em suas aventuras nos quadrinhos, desenhos da TV e cinema, os super-heróis trabalham para salvar o mundo, porém, muitos deles também precisam ir para a terapia, e consultar com um profissional sobre os problemas que se escondem.

Em entrevista à BBC, a notória psicóloga Andrea Letamendi colocou os super-heróis em seu divã. Teve o trabalho de analisar esses personagens e tentar entender seus problemas. Ela explica que quando analisa os super-heróis mostra para o público alguns problemas psicológicos sérios, que podem ser muito comuns e não deve haver nenhum estigma sobre isso. Prova que mesmo aqueles que nos defendem do mal podem sofrer da saúde mental.

Andrea Letamendi é uma profissional que dá consultoria para roteiristas de histórias em quadrinhos sobre as reações que devem ter os personagens diante dos milhares de transtornos que sofrem. Ela é uma jovem norte-americana, doutora em Psicologia e apaixonada por histórias em quadrinhos, especialmente as de super-heróis, desde criança.

Palestrante, ela fala sobre a Psicologia dos quadrinhos e analisa os personagens no CNN Headline News. Também analisa os heróis no site UndertheMaskOnline.com.

HOMEM DE FERRO

A psicóloga cita o caso do Homem de Ferro. Tony Stark, o Homem de Ferro sem a armadura, é um ser humano comum que (ao contrário de outros super-heróis) não tem superpoderes. Sofre de ataques de pânico debilitantes, cujo processo foi descrito como muito real. Já o vimos congelado, incapacitado por esses ataques, como acontece a qualquer um, diz a profissional.

BATMAN

Outro exemplo de um super-herói que é humano é Batman. Andrea cita o brutal assassinato de seus pais que ele testemunhou quando criança. Bruce Wayne (o Batman na vida civil) é um excelente exemplo de resiliência, que é a capacidade de superar a dor emocional e o trauma, e usar essa força para seguir em frente, lutando contra o crime em Gotham City, lembra Andrea. Casos como este normalmente se encontram em seu consultório quando lida com pessoas depois de eventos como 11 de setembro e massacres recentes.

Batman não vai deixar se vencer pelo que aconteceu com ele. Mas também não deixa os acontecimentos para trás. Sua vida é governada por uma dor que já deveria ter aprendido a digerir, e viver uma vida mais normal. Ela conclui que não diria que ele é perfeitamente normal nem perfeitamente saudável, mas que faz todo o possível, apesar do que lhe aconteceu.

BATGIRL

Como Bruce Wayne, Barbara Gordon (a Batgirl na vida civil) também teve uma experiência traumática. Mas, ao contrário dele, quando o trauma aconteceu ela não era mais uma menina e, além disso, Barbara era uma super-heroína. O que aconteceu foi em um momento de sua vida quando se afastou de seu papel para passar um tempo com sua família. Barbara foi atacada pelo Coringa, o grande vilão de Gotham City, e perdeu o movimento das pernas, lembra Andrea. Nos quadrinhos, a Batgirl procura se recuperar e vai para a terapia com um profissional chamado Letamendi. Foi a forma que os escritores encontraram de humanizar e reconhecer o trabalho da psicóloga.

"O que me interessa é educar as pessoas sobre a Psicologia e apagar o estigma de problemas psicológicos, porque é importante que as pessoas reconheçam os sinais e sintomas e saber que há alguém que pode ajudar. Este é uma das principais razões pelas quais, nos quadrinhos, a Batgirl vai à terapia", ela explica.

SUPER-HERÓIS TÊM CURA?

O problema é que, se Andrea Letamendi tiver a chance de ter o Homem de Ferro ou Batman em seu divã e tiver êxito, talvez eles deixem de ser super-heróis. A resposta da profissional é baseada em um de seus trabalhos: "Eu trato soldados que voltam do Iraque e do Afeganistão com feridas físicas e emocionais, por enfrentarem o perigo. É o seu trabalho. Para isso foram treinados. Entrar em território perigoso, armado, para proteger os outros, é o que eles fazem. Mas alguns se desorientam e revelam que mesmo quando estão em casa, felizes por estarem vivos, com a família, não conseguem se sentir normais, até voltarem ao combate".

"Eu acho que a ideia não é 'curar' os super-heróis. Eles têm essa motivação intrínseca que os impulsiona a nos proteger. É o seu papel na vida e vêm para o consultório com todo o seu passado e seus desconfortos. O que nós trabalhamos no divã, entre psicólogo e super-herói, é aprender a conviver com esses traumas e seguir em frente", conclui Andrea.

CAPÍTULO 11
A PSICOLOGIA DAS CORES

A Psicologia das cores identifica a forma como nosso cérebro percebe e transforma as cores em sensações. A influência das cores pode ser observada na publicidade, na decoração de casas e escritórios, na moda, na maneira como gostaríamos de ser vistos, entre outros.

O ser humano assimila as cores através do sentido da visão. A visão é, dos cinco sentidos, aquele que mais rapidamente conduz a informação até ao cérebro. Dessa forma, os olhos são os sensores, e o cérebro é o processador. Os primeiros estudos das cores começaram quando Isaac Newton descobriu que a luz branca, ao passar por um prisma, separava-se em diversas cores. Mais tarde, descobriu-se que a mistura e suas combinações resultavam em outros tons: o amarelo é a combinação do vermelho e do verde, por exemplo.

A identificação dos tons é subjetiva, porém, os efeitos das cores são universais. As cores quentes como o vermelho, amarelo e o laranja são dinâmicas e estimulantes. Já as cores frias, azul, roxo e verde, possuem propriedade calmantes, são suaves e estáticas.

Cada cor é um sinal que tem seu próprio significado. São as diferentes impressões emanadas da atmosfera criada pela cor. A

Psicologia das cores foi amplamente estudada por Goethe, que examinou o efeito das cores sobre os indivíduos.

O QUE AS CORES REPRESENTAM NA SOCIEDADE OCIDENTAL:

BRANCO

O branco pode expressar paz, felicidade, pureza e inocência. Cria uma impressão de vazio, luminosidade positiva e infinito. É o fundo universal da comunicação gráfica. Como o preto, o branco está nas extremidades da faixa de cinzas. É também um valor latente capaz de potencializar as cores vizinhas.

PRETO

A cor preta, de acordo com o contexto, pode representar tristeza e luto, porém, se for bem utilizada transmite nobreza, tradição, curiosidade, superioridade, poder, profissionalismo. Símbolo de silêncio, mistério, às vezes o preto pode significar, também, impureza e maldade.

CINZA

Cinza transmite noção de elegância, humildade, sutileza. O cinza é uma cor clássica, neutra, que transmite gentileza e respeito. É usado em empresas de tecnologia e do ramo automobilístico, pois demonstra também responsabilidade e profissionalismo.

AMARELO

Geralmente, o amarelo é interpretado como animado, alegre, emocionante, emocional e impulsivo. Ele está também relacionado com a natureza. Transmite concentração, disciplina, comunicação, ativa o intelecto, traz positividade e boa sorte.

LARANJA

Cor próxima do vermelho, tem uma força ativa, é radiante e expansiva. Tem um efeito estimulante, acalorado e acolhedor, além de uma qualidade dinâmica muito positiva e enérgica. Transmite equilíbrio, generosidade, entusiasmo, alegria, aconchego, energia, criatividade, equilíbrio, entusiasmo.

VERMELHO

Vermelho significa vitalidade, é a cor do sangue, da paixão, da força bruta e do fogo. Essa cor é ligada ao princípio de vida, expressa a sensualidade, a virilidade, a energia, simboliza a guerra, o amor, o perigo, a força e a energia. Vermelho é exultante e agressivo, também é um símbolo da paixão ardente, da sexualidade e do erotismo, e pode significar, igualmente, raiva e agressividade.

AZUL

O azul traz ideia de harmonia, confidência, conservadorismo, austeridade, monotonia, dependência, tecnologia, liberdade, saúde, purificação, amabilidade, paciência, serenidade. É um símbolo da profundidade. Expressa amizade, lealdade, tranquilidade. A cor está associada com o céu, o mar e o ar. A luz azul pode sugerir otimismo.

VIOLETA

É a cor da temperança, da lucidez e reflexão. É mística, melancólica e também poderia representar introversão. Quando o violeta tende ao lilás, achata e perde a sua concentração potencial positiva; quando tende para o roxo, traz ideia de majestade.

VERDE

É a cor mais pacífica e calmante. Evoca vegetação, frescor e natureza. É a cor da calma indiferente. Traz esperança de uma nova vida. Verde tendendo para o amarelo traz ideia de força ativa e ensolarada. Se prevalecer o verde-azulado, é mais sóbrio e sofisticado.

MARROM

Uma cor confortável. É uma reminiscência da atmosfera, a sensação de outono. Dá a impressão de gravidade e equilíbrio. É a cor realista, talvez porque seja a cor da terra sob os nossos pés.

OUTRAS REAÇÕES

Cada dimensão de cor está relacionada com uma reação diferente. Por exemplo, quanto mais saturada a cor, maior é a impressão de que o objeto está em movimento. Quanto mais brilhante a cor, maior a impressão de que o objeto está mais perto do que realmente está.

Os matizes em tons vermelho, laranja e amarelo são geralmente vistos como mais enérgicos e extrovertidos do que tons inferiores. Já o verde, azul e roxo, muitas vezes parecem mais silenciosos e introvertidos. Verde e azul são percebidos como calmos, relaxados e tranquilizantes. As diferentes cores também produzem diferentes impressões de distância. Um objeto azul ou verde parece mais distante do que um vermelho, laranja ou marrom.

CAPÍTULO 12
PET PSICOLOGIA –
O GATO À LUZ DA PSICOLOGIA

Estudando o comportamento de pets, seja canino, felino ou equino, em seu habitat natural ou no ambiente humano, psicólogos recomendam como agir e responder aos animais baseado em sua própria linguagem corporal natural, instintos e rituais sociais.

Os profissionais de Pet Psicologia procuram redirecionar o comportamento indesejado e instintos naturais sem repressão, a fim de ajudar os animais a se adaptar em nossa sociedade de uma maneira segura e aceitável. A ideia é a de que, muitas vezes, animais de estimação também precisam de ajuda no foco mental, apoio emocional e físico para os desafios da vida.

A intenção e o resultado psicológico dessas aplicações não é o treinamento dos animais para que se tornem escravos obedientes ou robôs felizes... o importante é proporcionar satisfação ao anseio mais profundo dos bichos, para serem exatamente quem são e não se arriscarem a deturpar seu comportamento.

A HORA E VEZ DOS GATOS

Pesquisas recentes indicam que o gato já começa a ultrapassar a hegemonia do cachorro como animal doméstico mais comum nos lares. Sobretudo nas grandes cidades, o número de famílias que têm um ou mais gatos aumenta a cada ano. O número total de felinos é incalculável, pois eles procriam rapidamente e têm maior resistência do que os caninos. Não é por acaso que dizem que eles têm sete vidas.

Além disso, devido ao seu porte pequeno, um apartamento médio pode comportar muitos gatos sem maiores problemas. Entre as grandes vantagens de se adotar um felino como mascote está a sua independência. Eles fazem a higiene sozinhos, tomam "banho de gato" e também fazem suas necessidades sempre na caixinha de areia, sem que alguém precise ensinar. Só tem uma exigência: limpeza. Aí o humano se torna servo do gato. Dizem os estudiosos que, na verdade, é o gato que tem o homem como sua mascote.

Mas o gato não é um animal unânime feito o cão. Muitas pessoas têm medo de gatos, o consideram traiçoeiro, vingativo. Isso acontece porque é um bicho muito complexo em termos de personalidade. E a maior parte das pessoas, mesmo aquelas que querem ter um gato como mascote, são muito mal informadas a respeito da maneira de eles conviverem com as pessoas.

Os bichanos são muito independentes. Principalmente quando a noite cai. Eles parecem abandonar seus donos. E resolvem desvendar os segredos de sua vizinhança. São movidos por um misto de curiosidade e inspeção de uma área territorial que considera sua.

PERSONALIDADES

Essencialmente, todo gato é independente, curioso e dorminhoco. Mas possui uma capacidade física absolutamente admirável. Sua flexibilidade corporal e resistência lhe dão condições olímpicas. Conseguem saltar, girar, se contorcer, subir e se agarrar em qualquer lugar ou coisa. Porém, a característica mais marcante do felino é sua personalidade. E para se conviver bem com ele, tem que se pensar como um gato.

Todo gato precisa ter seu próprio espaço, que deve ser respeitado. E gatos são exigentes. Reclamam quando têm fome, quanto está incomodado, ou simplesmente age como criança quando quer atenção.

Existe uma variedade incrível de raças de gatos. Desde o gigante de origem americana chamado maine coon a fofos persas e birmaneses ao intrigante bengal, o endiabrado siamês ao misterioso gato preto de todas as raças.

A exemplo da pantera negra, o gato preto possui características genéticas em que a melanina se sobrepõe a todas as cores. Assim, mesmo em uma família de felinos siameses, aqueles com as extremidades escuras, podem surgir pretinhos. Aliás, o conceito de siamês também é falso. Quase sempre se trata mais de padrão de pelagem do que de raça.

Cada raça tem suas características próprias, mas a miscigenação é fatal e o que mais ocorre é o famoso SRD, o sem raça definida, que vulgarmente chamamos de vira-latas, ou atual fura-sacos, já que latas de lixo não dão mais sopa nas ruas das metrópoles.

Os pet psicólogos classificam os gatos nos seguintes tipos, quanto à personalidade:

A) DESCONFIADO

O mais habitual é ele ser muito desconfiado com os estranhos. É importante não decepcionar o bichinho, porque é muito difícil ter a confiança dele novamente. É mimar, tratar com cuidado e acariciá-lo suavemente.

B) TÍMIDO

Geralmente, se mantém a distância por um bom tempo e quando encontra com você se retira e se mete em seu próprio canto, para observar você de lá. E os primeiros contatos que você deve estabelecer com ele devem ser muito cautelosos. Mas assim que for rompida essa barreira, ele vai se transformar em uma criatura muito apegada aos da casa.

C) EXTROVERTIDO

Mesmo o bichano considerado extrovertido pode chegar com certo retraimento junto aos humanos. Vai se aproximar amistosamente, se deixando acariciar. Não se assuste se ele buscar refúgio no seu colo. Este tipo de gato é ativo, curioso e brincalhão. Mesmo com as crianças. Porém, não gostam de ser incomodados, principalmente quando estão dormindo. Mesmo que ele seja um bichano amigável, ele não vai aceitar ser molestado. É preciso que o gato se aproxime e peça carinho. Não o contrário. Mas ele também pode ficar indiferente a você.

D) TRANQUILO

Este tipo de felino precisa de um longo tempo para se relacionar com as pessoas. Não por qualquer medo, mas porque gosta de fazer tudo sem pressa. Lentamente. É o tipo de companhia ideal para viagens, pois podem passar horas no seu cesto sem dar um miado. Ele nunca fica estressado e parece não se incomodar com nada. Não se retrai, mas gosta de observar tudo do seu canto. Se você é do tipo que gosta de calma e sossego, vai se sentir tremendamente próximo deste tipo de gato. Eles são equilibrados e se dão muito bem com outros gatos.

E) CAPRICHOSO

Estamos falando do gato temperamental, que leva tudo a mal e fica irritado, de mau humor. Sua ira pode durar horas. Cuidado ao tirar diante dele algo que ele viu primeiro, porque ele vai reagir imediatamente, para deixar claro quem é que manda na casa. Não é do tipo que serve para pessoas barulhentas, pois é irritadiço e arisco. A melhor recomendação é que se observe o seu jeito e temperamento, para assimilar os seus costumes e aprender a conviver com ele, que vai ser sempre o dono da casa.

HEREDITARIEDADE E FORMAÇÃO

Tudo indica que o temperamento e atributos dos gatos são hereditários. Isso pode estar relacionado a características genéticas, ligadas a variedades de raças.

A adaptação dele junto das pessoas vai depender, também, da idade do bicho. Quando jovem, o gato se adapta mais rápido, também quando muda de lar e quando tem outros gatos como companhia. Se o gato é mais velho já tem sua personalidade e seus hábitos formados.

Há também o "gato escaldado", que é aquele que teve experiências ruins com humanos, que são cheios de medo e se escondem constantemente. Existe também o gato difícil, que é aquele tipo que trata de arranhar e morder quando se tenta tocar nele.

COMPORTAMENTO

Estudos concluem que foi há mais ou menos dez mil anos que, a partir do Oriente Médio, começou a relação de amizade do homem com o gato. No Antigo Egito, o gato era sagrado, adorado como um deus.

Na Idade Média, o gato foi perseguido, acusado de ser aliado do diabo. Na verdade, há algo na personalidade do gato que incomoda algumas pessoas não acostumadas com seu olhar intenso e enigmático, que não convida à proximidade.

Os gatos controlam suas emoções melhor do que os humanos, são fortes e silenciosos. São difíceis de entender e não se incomodam com seus donos. Nem mesmo dependem deles.

Sua linguagem corporal só pode ser compreendida por iniciados. É bem diferente da linguagem dos cães, de quem já sabemos logo o que significa um rabinho que abana.

O convívio doméstico dos gatos aconteceu muito recentemente. Só no último século é que passaram a ser populares dentro das casas.

ANGÚSTIA DA SEPARAÇÃO

Os gatos, como as crianças, podem sofrer de angústia ao se verem separados de sua mãe ou de seus donos. Quando se sai em viagens curtas, não é recomendável levar o gato junto. Odeiam mudar sua rotina. Ficam confusos, agressivos ou, ao contrário, apáticos. Podem até fugir, tentando voltar para a segurança de sua casa. Por outro lado, a maioria nem sente falta dos humanos, desde que não falte comida e ambiente limpo.

QUANDO PASSA MUITO TEMPO SOZINHO

Muita gente diz que os gatos são animais independentes e, na verdade, são, mas também são animais muito carinhosos que procuram sempre o contato com o ser humano. Isso pode ser notado quando seu gato é pequeno, pois ele tem o costume de segui-lo por toda a casa para que você não o deixe sozinho.

Quando o tutor estuda ou trabalha e passa muito tempo fora de casa, o gato pode chegar a sentir falta de companhia e ficar deprimido. Um companheiro de brincadeiras é uma boa saída. Dois gatos se divertem e fazem companhia um ao outro muito bem em qualquer espaço.

O RONRONAR

É possível reconhecer em um gato dezesseis tipos de vocalizações, por meio das quais expressa sua alegria e também seu temor. O "falar" do gato é esse ronronar que está ligado a um sentimento diferente, fome, pena, necessidade de carinho e também há um em especial que é usado como forma de cumprimento para se comunicar com você. O curioso é que os gatos podem miar e ronronar ao mesmo tempo. Esse som indica, em geral, que o gato está relaxado e seguro. Mas em certas ocasiões, um gato irritado ou com medo pode ronronar para, assim, diminuir seu nível de tensão.

O MIADO

Talvez o que mais diferencie o gato dos outros animais é o seu característico "miau". Com ele, nosso gato se comunica, expressa emoções, estado de ânimo, vontade de brigar ou namorar. Alguns especialistas garantem que o gato usa o miado apenas na comunicação com humanos. Entre eles, a comunicação é silenciosa. Exceto quando a mãe instrui a ninhada e também distingue seus filhotes.

O miado varia de um gato para outro e de uma raça para outra. O siamês, por exemplo, tem um miado agudo e penetrante, ao passo que o ragdoll é melódico, quase como um canto. O timbre de voz, assim como nos seres humanos, vai se modificando com o passar do tempo. Assim, os timbres dos filhotes são agudos e persistentes e em um gato velho são apenas perceptíveis.

De acordo com o psiquiatra inglês Nicholas Nicastro (Universidade de Cornell), o miado seria uma forma de manipular nosso comportamento para conseguir mais carícias, mais comida, ou chamar nossa atenção. Compartilha dessa opinião o doutor Bradshaw, que diz que isso não é produto de uma evolução histórica, e sim um comportamento aprendido dos gatos por conviver com seus donos, por isso, cada miado é diferente. Ao comparar cientificamente se descobriu que cada gato lida com uma gama de sons de intensidades próprias e que cada dono sabe o que querem seus gatos, porque eles testam com diferentes sons até saber qual é o que mais está de acordo com o seu dono.

GRUNHIR E ROSNAR

O grunhir e o rosnar são um mecanismo de defesa diante da presença de um inimigo ou de algo que intimida o gato. Quando se estranham, os gatos evitam o enfrentamento corpo a corpo e podem levar minutos e até horas grunhindo e rosnando.

O rosnar é o som mais característico de defesa que acompanha o eriçamento dos pelos e, assim, o gato fica maior ante seu adversário. É um som ameaçador que ele emite em uma situação de medo ou de raiva. O ar quente que expele e o odor são tão importantes ou mais do que o próprio som.

ANTISSOCIAIS?

Os gatos são animais solitários por natureza, são caçadores inatos e vistos sob esse ponto de vista poderiam parecer antissociais. São sobreviventes. Um gato abandonado em um bosque tem mais chances de viver do que um cão.

As relações sociais entre gatos se dão em várias oportunidades, normalmente, entre animais que vivem juntos ou perto.

Os cães, por sua vez, são mais gregários, herança de seus ascendentes selvagens. Basta ver na natureza como os lobos caçam em matilha e desenvolvem sua vida em um sistema hierárquico onde seguem o chefe da matilha.

Quem tem gatos sabe como eles são carinhosos. Claro que expressam seu amor de uma forma diferente da dos cães. Os cães são mais efusivos em suas demonstrações de carinho: latem, correm, lambem... O gato, ao contrário, ronrona e se esfrega ou só pisca para demonstrar seu carinho.

Muitos gatos não resistem quando seus companheiros humanos vão estudar longe ou em outras cidades e alguns morrem também tão logo o dono falece. Podemos concluir que se trata de intensa ligação de codependência, que não está apenas nos cuidados físicos.

TRAIÇOEIROS

Gente que é arranhada por gatos desconhecidos argumentam que são animais traiçoeiros. Lembram que cães não fazem isso. É claro, porque ninguém se aproxima de um cachorro que esteja rosnando ou mostrando os dentes. Todos nós sabemos que se o cachorro abana o rabo é porque está feliz de estar sendo acariciado. Se o gato mexe o rabo está querendo dizer que está irritado. Como são animais menores e de aparência inofensiva, quem não está acostumado não compreende o alerta felino.

Os gatos são animais desconfiados que não aceitam logo de cara que um desconhecido invada seu território. É preciso tempo e respeito para ganhar a confiança de um gato.

GATO ESTRESSADO

O ser humano fica estressado quando tem uma péssima noite de sono, se irrita com o trânsito, fica preocupado com problemas financeiros, e por aí vai. Isso não é privilégio dos seres humanos. Os animais também ficam estressados, embora manifestem isso de diferentes maneiras.

UM GATO PODE ESTAR ESTRESSADO SE:

- Urina ou marca território, sendo que antes não fazia isso e não está no cio.
- Se isola ou se esconde debaixo dos móveis e não responde quando recebe seu carinho.
- Dorme o dia todo, não brinca e passa a tarde na poltrona sem fazer nada.
- Chora constantemente e sem motivo aparente.

O QUE PODE DESENCADEAR O ESTRESSE?

Mudanças. Os gatos são rotineiros por natureza. Se você reparar bem, verá que seus gatos acordam mais ou menos no mesmo horário, pedem comida em uma hora determinada. Se você esquece isso, eles não. Dormem nos mesmos lugares etc. Qualquer mudança grande na casa, inclusive na ordem dos móveis, mexe com a cabeça dos gatos.

A chegada de gente nova na casa, em especial bebês, provoca estresse nos gatos. É que os gatos se sentem os bebês da casa e se você os deixa de lado para cuidar do bebê que acabou de chegar, eles ficam ressentidos.

Um gato novo que chega também é motivo de estresse para o que já está na casa, pois o recém-chegado vai ocupar seu território, sua cama, comer sua comida e, pior, ter o seu carinho.

Se seu gato estava acostumado a estar todo o tempo com você e agora, por questão de trabalho ou estudo, passa quase todo o dia sozinho, ele fica estressado.

Barulhos, como gritaria de crianças, latidos de cachorro, a banda de rock do seu vizinho etc. também estressam seu gato.

LIMPEZA

Limpo por natureza: o gato é muito meticuloso com sua higiene diária e dedica de cinco a dez minutos para limpar todo o seu corpo com ajuda da língua. Esse ritual imita o que a mãe faz com suas crias. Quando um gato não faz esse ritual é porque está doente ou muito fraco.

O gato passa cerca de dezesseis horas por dia dormindo. Note que durante o dia ele fica dormindo, ao passo que costuma despertar logo cedo e no final da tarde.

Não abandona o lar: o gato é um animal muito territorial que adora o lugar onde vive, porque o local representa seu lar e refúgio. No entanto, pode dar umas escapadinhas para namorar, sondar os arredores ou entrar em contato com outros gatos.

MARCAÇÃO DE TERRITÓRIO

Para marcar sua área, o gato esfrega seu corpo contra os objetos e, às vezes, dá pequenas urinadas. Tanto os gatos domésticos como os que vivem na rua gostam de delimitar perfeitamente seu território. Eles querem, com isso, demonstrar quem é o dono em seus domínios.

Os sinais que usam podem ser visuais ou olfativos. Em geral, quem tem gato já viu que alguma cadeira ou outro móvel de madeira, às vezes sofás ou almofadas, são vítimas de arranhões. Suas unhas marcadas em alguma superfície indicam que esse território é de sua propriedade.

Quando um gato se esfrega em nossas pernas não é só uma demonstração de carinho ou um cumprimento. Na verdade, ele está também transferindo seu cheiro para indicar que somos de sua propriedade.

AGRESSIVIDADE

A maioria das vezes que vemos um gato com o lombo encurvado, o pelo do corpo e do rabo eriçado e as pupilas dilatadas, trata-se mais de uma reação de medo do que de uma atitude agressiva. Assim, ele tenta dissimular seu pânico e a descarga de adrenalina com sua linguagem corporal agressiva. Ele mostra as unhas e os dentes, e rosna para impressionar e se prepara para um possível ataque.

Ao contrário do que se pode imaginar, as brigas entre gatos não são frequentes e são pouco violentas. Antes de brigar corpo a corpo, são capazes de ficar horas emitindo uivos e grunhidos para fazer que seu rival desista. E se a briga ocorrer, o gato que estiver em condição de inferioridade vai cair de barriga para cima, em atitude de submissão, ante ao vencedor, e este o respeitará e é justamente por isso que em raras ocasiões os gatos se ferem em brigas.

O INSTINTO CAÇADOR

O gato doméstico é um caçador noturno de pequenas presas. Sabemos que a prioridade número um de qualquer espécie animal é a obtenção de alimentos para sua subsistência.

Nos carnívoros, e especialmente nos felinos, essa sobrevivência está baseada na caça de presas vivas. Dentro das 37 espécies de felinos existentes, se manifestam diferentes modalidades predadoras. A maioria utiliza a tática da tocaia, enquanto poucos a capturam pela corrida. Também se diferenciam em espécies que caçam grandes e pequenas presas. Algumas espécies caçam na selva, no bosque ou na savana. Por último, há aquelas espécies que caçam em momentos diferentes do dia (noite, dia).

LINGUAGEM

Há uma infinidade de gestos, posições, sons e outras formas de expressão que um gato usa para se comunicar conosco ou que pelo menos servem para que possamos saber qual é o seu estado de ânimo, o que querem ou quais são suas intenções. Sua linguagem é tão variada e sutil que, muitas vezes, não somos sensíveis o suficiente para compreendê-la.

Devemos prestar atenção na posição de suas orelhas, no aspecto do seu rabo e em suas pupilas. Saberemos, assim, se o animal está relaxado, nervoso, assustado, agressivo e, dessa maneira, saberemos como nos comportarmos com ele.

GATOTERAPIA

Psicólogos, veterinários, clínicas e associações estudam a Terapia Assistida por Animais, dando suporte à reabilitação de deficientes, crianças internadas e idosos em casas de repouso.

Amigos de quatro patas são capazes de despertar autoestima, diminuir a ansiedade, potencializar a memória, trazer mais confiança e socialização, além de reduzir o estresse.

Não é que lá em 1950 uma médica psiquiatra brasileira, chamada Dra. Nise da Silveira, promoveu os gatos a coterapeutas? Ela descobriu a incrível capacidade que esses peludos têm para ajudar a equilibrar as reações emocionais de seus pacientes.

O trabalho pioneiro da Dra. Nise se tornou mais conhecido recentemente, com o filme *Nise, o coração da loucura*, em que o papel-título é vivido pela atriz Glória Pires. A gatoterapia se baseia na ideia de que o gato, com seu temperamento contemplativo e sereno atua como remédio para pessoas ansiosas e agitadas! O tratamento introduzido pela Dra. Nise foi uma alternativa com resultados palpáveis às terapêuticas agressivas, como lobotomia e eletrochoque. "Com o gato ronronando no colo, por exemplo, a pessoa desacelera, pois ocorre a mudança de frequência das ondas cerebrais do estado de alerta para o relaxamento", diz Hannelore Fuchs, doutora em Psicologia e especialista na relação do ser humano com o animal.

A frequência do ronrom é entre 25 e 50 hertz, a mesma utilizadas na Medicina esportiva para acelerar cicatrizações e recuperar lesões. No ano passado, a gigante de tecnologia Apple lançou em parceria com o veterinário Gauchet um aplicativo para iPhone que usa o ronrom para amenizar os efeitos que a diferença de fuso horário em viagens provoca.

Um estudo de 2008 da Universidade de Minesota, nos Estados Unidos, mostrou que um bichano em casa reduz em até 30% o risco de ataque cardíaco, por ajudar a relaxar e aliviar o estresse.

VERSÃO FRANCESA

La Ronron Thérapie é um livro da jornalista francesa Véronique Aïache em que explica, devidamente ancorada por trabalhos científicos, como o convívio com um bichano pode melhorar a vida das pessoas.

Ela cita, por exemplo, pesquisas como a do veterinário francês Jean-Yves Gauchet, que testou o poder do ronrom em 250 voluntários, submetidos a uma gravação de trinta minutos do ruído de Rouky, o gato do veterinário. Ao fim do estudo, os participantes declararam sentir mais bem-estar, serenidade e uma facilidade maior para dormir.